坐禅の旅
悟りを求めて

瀬下 俊孝

東京図書出版

まえがき

戦後、我々が作りだした社会は、現在多くの問題を生みだしています。

我々の理想である米国式民主主義の道徳、思想、文化が必ずしも我々に、安心、幸福を与えるものではなく、我々は、今ここに来て、逆に不合理、差別を感じ、漠然とした不安や苦しみばかりが増しています。現在、我々が求める安心とは、幸福とは、信ずべき真理とは何か、何を目的として、誰のために何のために生きるのか、その全ての答えは、「求めなくても良い」という間違った意識を我々に植え付けました。そのため、年長者の押しつけた価値観をそのまま信じて、生じた矛盾に社会全体が悩み、さまよっているようです。それは、一番大事な、我々の核心と言うべき心を、長年にわたり、ないがしろにしてきた結果でもあります。

実は、それを教えるのが仏教なのですが、戦後、仏教は戦時中の道徳や修身と勘違いされ、多くの人は、簡単な基本的仏教法理でさえ知らないという状態です。

それは、世間の間違った認識、報道、学校教育の偏った教えが原因です。

仏教は、道徳や修身、法律や訓戒ではなく、真理を説き教え、誰かの言葉や啓示を崇拝したり、模倣することではありません。そして、仏教では、その全ての答えは自分の中に在り、自らは仏で在ると教えています。真理は自分自身の中にこそあるのです。

坐禅は心を静め、定力を高め、自分の中にある真理を求めます。その真理は本来の自己であり、自らに人格の向上をうながします。悟りはその段階での一過程でもあり、自分の中にある自己が、自らに働き掛ける悟りの実行こそが、解脱への道であり、道はどこまでも、死んでからも続く、という道理になります。

そして、我々は、仏教を葬儀だけと思ったり、むやみに有り難がり、不可解、神秘で特別なものとする嘘やデマに、いつまでも騙されてはなりません。または、理論や哲学、思想のように考えてもなりませんし、難解という観念で教えを遠ざけてもなりません。全くの別物なのです。

真理を知らない、知ろうとしない事を、仏教では、無知無明《むちむみょう》と呼びます。それは、自分は真理に暗い愚か者であると認める事であり、宗教的な罪でもあります。

もし、少しでも心の何かを感じるなら、その時に仏教や坐禅に積極的に触れてみることです。全ては自分自身で求めて、手探りでも探さなくてはなりません。求める心が継続しなければ、因縁が熟していないことであり、時期が来るまで無理に求める必要はありません。

人は歳を取れば、何となく、経験が積み重なり、真理を理解でき、身に付き安心が得られると安易に考えがちですが、求めなければ、得られず、道を進まなければ、到達する事はありません。

ただ、単に空しく歳を取った、髪が白いだけの頑固な爺、婆に成るだけです。漫然と日々が過ぎれば、真理は何時までも摑めず、悔やみ多き人生となりましょう。

仏教とは何か。悟り、解脱とはどういうことでしょう。坐禅は、それを明らかにして、道を進むことを教えます。それは、解脱を求める、仏陀の教えの長い旅でもあります。

坐禅の旅　悟りを求めて◇目次

第一章　仏教と坐禅

仏教とは、仏の教えのことで、仏とは仏陀《ぶっだ》を意味しますから、単純に解釈すると、仏陀の教えということになります。その目的は、苦を脱することで、これを**解脱**《げだつ》と言います。

解脱は、悩みや迷いなどの苦しみから解かれることであり、そして安心で自由な安らぎの境地に至ることを**涅槃**《ねはん》と呼びます。

では、解脱を成すには、どのようにすれば良いのか、ということになります。真理を知り、心は空であり、全ての執着を離れ、自らが真理となることで苦は脱せられると教えています。

それは、悟りと実践を意味しますが、とりあえずは、全ての物事に強く執着しないことです。

そして、解脱や涅槃は、仏陀だけが成し得た、特別な境涯《きょうがい》ではありません。解脱は苦を作らない、苦を持たないことであり、涅槃は心に何も無い、その状態を言います。

そして、涅槃は、求めれば誰でも、道を歩むことで得られることになっています。

仏陀は、今から二千年以上前に、釈迦族の王子として生まれ、幼年期、青年期を王子として、何不自由なく日々を過ごし、結婚もして、ラーフラという子供もおりました。

その、物質的にも環境的にも、他から見ると、何一つ不自由の無い王子であった仏陀が、この世界は、苦しみの世界であると思い、それをなんとか解決したいと考えたのが始まりです。仏教は、我々の日常生活の中から生じる苦の認識が、全ての始まりなのです。仏陀自身は神や神の子ではなく、我々と同じ人間であり、神の啓示を受けたり病人を治すなどの、一切の奇跡は行っていません。

そして、仏教は他の宗教のように、倫理、道徳的な教えを一方的に与えたり、神の教えに従うというものでもなく、現実とかけ離れた理想を押しつけるものでもありません。また、哲学や思想のように、思考して理解するものでもないのです。ましてや、善悪などの是非を決定したり、法律や規則のように、罪や罰を与え、儒教のように社会秩序を守らせるためのものでもありません。

これらとは全く異なるものなのです。

戦後、仏教の教えは、社会から、ないがしろにされ、現代社会は無宗教のような状態となっています。そして、仏教は、葬儀に重点を置き、それに特化するあまり、教えは全く伝わらず、特に若者は誰も何も知らず教えられず、目の前の損得にばかり振り回され、混乱して可哀相な限りです。

人は、心に生じる思いが何かを知らず、仏教教義や道を行くことで、安心や福徳が得られ、人格が変革し向上することも知りません。それは、西洋思想を崇拝し、日本の宗教、思想を大切にしなかった社会の結果でもあります。

多くの人は、仏教の教えが自分の人生や生活には関係なく、坐禅、念仏、勤行《ごんぎょう》などの仏行は、僧侶や何か特別な人間が行うものと思い、悟りは難行苦行の修行により、常人には理解できない境地に至ることだと誤解しています。全ては、マスコミや社会で何かの意図を持った人々が作った、妄想の虚像であり嘘なのです。仏教心が無く、教えを知らない、稚拙で幼稚な他人の言動に騙されてはなりません。そして、若者は、人生経験が短く浅く無知であるがゆえに簡単に騙されます。

同様の嘘は、教育の現場でも頻繁に行われ、無責任な教師や大人が若者を騙します。老練な大人たちは、社会に奉仕するためとか、会社は運命共同体とか、もっともそうな自分達が作った正義や倫理観を押しつけ、現代社会に苦がないかのような言動で若者や下層階級に苦を感じさせない、認識しないような教育や指導をしてきたのです。

「努力が足りない。無駄な努力はない、何事も一生懸命にすれば報われる」

これらは全て嘘であり、苦を与えた者が、それを認識させないための方便なのです。

そこに気づき、苦をしっかりと認識して、誰が何をして、苦を生じさせているのか、現実を見て探らなければ、いつまでも何の疑問も生じない、脳天気な日々を過ごすことになります。

今ある格差社会の矛盾、教育の混乱などは、仏教の教えをないがしろにして、社会全体が学ばず尊ばない結果でもあり、特に、戦前は軍国主義を教え、戦後は間違った民主主義を教え続けている、教育庁、学校、日教組の先生達の責任と罪は大きいものがあります。

そして、経典、法理などの教義や、「行《ぎょう》」である坐禅や念仏など、そして悟りなどの真理は、現代でも生きていく上で、十分に役に立つものであり、学び知ることで人生の目的や基本となる真理を得ることで、人間の生き方や死とは何かをも教え導くものです。

それは、知るべきものを学び、実行して苦を脱し安心を得て、誰もが有意義な人生を送ることでもあり、それが仏教の目標でもあるということです。

✤ 人格の向上と完成

戦後教育の中で、人は何を目的として、どう生きるかは、社会も学校の先生も親もマスコミも一切教えません。間違った民主主義は、自由の底にある一番大切な、何のために生きて、どう行動すべきかについて、それは個人の勝手だと突き放します。実は、そこが明確でなければ、教育も労働も社会生活の全てが意味のないものになります。幸福や安心を知らず、迷い悩み苦しみの世界で人生を無駄に送ることになります。それは、競争で勝ち残り、社会的勝者になることとは、全く別なことであり、競争や戦いの世界（六道の修羅道《しゅらどう》）には、真の安心や幸せ、幸福は残念ですがありません。

一番大事なことを教えないのが、社会的優位者の常套手段であり、それに騙されてはなりません。

仏教では、その大事な人生の目的を、解脱を求め、「**修行完成者となれ**」と教えます。


仏陀は、この世界は苦であると知り、出家して坐禅を行い、その深い瞑想により、この世界の真理を知り、苦を認識する心とは何かを明らかにして、苦とは何かを証明する一連の法則と言うべき過程を示し、苦から脱する方法を教えました。

それは、解脱を成すとは、人格の改革であり、**人格の向上と完成**ということです。

仏陀は、自身の入滅の際に説かれた『**涅槃経**《ねはんきょう》』の中で、

「修行者は、正しい目的のために努力せよ。正しい目的を実行せよ」

と、さらに、

「怠ることなく修業を完成なさい」

と、明確に説いています。

それは、仏教を行じる者は、解脱を目的として、真理を実行し、人格の向上を目指し、修行の完成者に至らなければ、人として生まれた価値や意味がないということです。

その者を仏陀は、「**修行完成者**」と呼び、今日では「**人格の完成者**」を意味します。

解脱を目指す者は、真理を明らかとして、人格の向上を目指し、さらに、実行することで自己と一体となり人格の完成者となります。

その、心の本質を明らかとすることを「**悟**《さと》**り**」と呼び、自己の目覚めを意味します。

そして、人格の向上の方法や過程を、仏教では「**正道**《しょうどう》」や「**道**」と呼びます。

道とは、悟り、真理を学び知ることから、道理にかなった正しい行動、人として歩むべき道筋、過程を意味し、人格の完成者とは、道の到達者ということになります。

そして、道は、悟りの実践であり、人は悟って真理に目覚めることで、進むべき道を知り、心は正しき働きをして行いが変化し、人格が変革されることになります。仏教は、人格の向上、完成を願い悟り、真理に目覚め、仏に成る道を歩む教えなのです。それを、禅宗では、坐禅を行い、坐禅による静寂の中から、心の本質に目覚め悟りを得て、さらに人格の完成を目指し、仏道という道を歩みます。

✤ 本来の自己の認識

仏とは、何でしょう。元来、仏とは、「**空**《くう》」を示し、仏陀を意味します。

仏陀は、覚者であり人間です。その、仏陀と同じものが、我々の中にあり真理を示し、尊く、有り難いものです。その仏が、自分の中にあると、漠然とでも存在を知れば、それは認識が不確実でも、潜在意識である自己は確実に認識します。心の奥深くにイメージされた仏は、無意識に、心に深く刻まれます。これが、仏教の始まりであり、形だけの仏教信者であっても、仏が何か知らなくても、仏を信じなくても、これだけは、必ず知らなくてはなりません。

一昔前の人々は、学は無くても、社会がそれを教え、常識として仏が何かを知っていました。しかし、現代では、それを言う者も、教える者も無く、曖昧にでも知る人は少なくなりました。この基本中の基本である、仏の存在を知らなければ、全ての仏行は意味の無い動作となります。

悟りなど、単なるたわごとにも、なりかねません。

その仏を知るには、それはまず、二つの自分を知らなくてはなりません。それは、主体としての自分と、自分自身である自己の存在です、その両方を求め、自分の本質を明らかにしなくてはなりません。そして、二つの自分の行動が、現在の我々の人格を形成させています。

その二つの自分とは、一つは、生まれ育った環境や経験などから作られる人格であり、もう一つは、我々が先天的にかつ根本的に持つ、人間としての本当の自分である、基礎となる人格です。

前者を「**自我**《じが》」と呼び、後者を仏教では「**本来の自己**《ほんらい》」と呼びます。

仏教が示す真理とは、本来の自己の存在の、認識であり目覚めです。

この、「**聖なる自己**」とも言うべき本来の自己を、仏教では、「仏《ほとけ》」とも呼びます。

一般的に、自己と言えば、現在の自分や自分自身を意味しますが、本書や禅門では、自己と言えば全て、この本当の自分である、本来の自己を意味します。

以降、本書でも自己と記したものは、全て本来の自己のことです。

この自己のことを、禅宗では本来の面目、真実の自己、本当の自性、本地の風光、無位の真人、主人公、自分の中のもう一人の自分とも呼び、一定の形を示さず、呼び方は多様です。

そして、自我と自己、その二つの自分を明らかにするのが悟りであり、人格改革となります。仏教では、その自己と自我が一体となり、行動に迷いがなくなることで、苦から脱せられるとしています。我々は、本能的に人間として正しく生きることで、人格の完成者を目指していても、それが何かを具体的に認識しなければ、どこまでも漠然と日々が通り過ぎるだけになります。

また自我意識は直ぐに認識できるため、自分の本体は自我意識だと思い込みますが、それは間違いで、自分の心は、実は自分が思うほど、本質を知らないのです。心が作り出す思いや念は、常に次から次へと心の中を駆け巡り、落ち着きません。それは、自意識とは別な意識が働くからです。それが何かと疑問を持ち追究すれば、誰もが漠然とでも、自我意識の他にある意識の存在に気がつきます。

さらに、正しき心の働きが、自己の存在を教えます。

現在、我々は戦後、仏教が葬式に特化されたことで、単純で簡単な心の働きでさえ知らされず、たまに学問的に難解な仏教理論を聞くだけで、この二つの自分の存在を見つけられません。

この二つの自分は常に目の前にあり過ぎて、それが何かと論理や思考を巡らし考え、説明するほど難解になります。しかし、この二つの自分は認識の有無にかかわらず、交互に我々の身体を通り抜けるため、漠然とその存在を認識したりします。

俗人は、それが頻繁に現れることで、常に分別が働くため、自己の存在が理解できません。そのため、そのことが習慣化され、何も見えず聞こえずの状態が日常化してしまいます。

しかし、いつまでも自分に嘘はつけません。何も解らないままでも、素直に従うことで、自己が示す真理は実行され、実行されることで、その存在を知らされます。そして、従えば一時的ですが、安心や幸福感が得られることになります。

自己の働きかけや存在を、日常の雑多な思いや執着などの煩悩に、とらわれて見失ってはならないのです。そして、働き掛けの認識が、自己認識の始まりであり、悟りを目指すことなのです。

心が静寂にして、賢明な者は何となく気がつきますが、それをなかなか追究しませんし、単に記憶力が優れ、要領が良く賢く振る舞う者や、弁舌が巧みで世渡りの上手な利口者も、決して真理を求め追究する者とはなりません。そして、自我は無くなることが無いので、遅鈍な者や娑婆世界に迷い覚醒できない者は、死ぬまでその存在に全く気がつきません。

そして、悟りは大切なことですが、悟らなくても日常生活そのものには直接関係なく、悟らなくても生きていけます。そこが、我々が、なかなか悟れない原因でもあり、解脱を妨げるのです。

また、この自己は、信念と言うべき確信を我々に与えます。他の人がどうであろうと承服しない、間違ったことはしないという法理の立場に立った行動です。

それは、自らが自覚して、普遍的な根本を持つことになります。

それゆえに、目覚めた者は、自己を見て、正しく法理を知る者でなくてはなりません。そして、自己と法理は一体であり、人として生きる基礎であり、法理に従った実行こそが求められます。

仏教に示される人格の完成者は、内面的には、平穏で無事、安心な人であり、善悪や是非のどちらにもとらわれず、あるがままを生き、何時までもこだわらない、全ては水のように流れ去り、風のように通り過ぎ、心に何も残さない、心は常に大空のように突き抜けた状態で、外面的には、正しく慈悲心を持ち行動をする人です。

それは、この世界の道理、真理を知る人は、自らが苦しまない人であると同時に、全てのものを慈しみ、助ける人、自他のあらゆる対立を離れる人であり、他を苦しませない人でもあります。

この自己は、我々の論理的よりどころであり、実践されるところに真の自分が現れる主体なのですが、どうしても教えが理念や理想となり、形而上学的な自体と見られ、学問的な追究ばかりが先行します。これが間違いで、現実の実践はもっと単純で、道徳的に悪いことはしない、生活を清め、自分に正直に生きるなど、難しいことではなく現在の自分の生き方に直接関係しているのです。

理念や理想を言葉で言うことは簡単で、それを掲げる人は沢山おりますが、それを真に理解して実践する人は少数で稀であり、簡単なことほど実行は難しいのです。

苦を脱するとは、悟り、道を実践し、段階的にそれぞれが与えられた環境の中で、人格の向上と完成を目指すことなのです。そして、人は死んで道が終わるわけではなく、来世にも続くとも説いています。

✤ 仏教は求めること

禅宗は、坐禅を行うことで苦を脱するのですが、それにはまず何よりも大切なのが、教えを信じて、どこまでも求める心です。真の安心、幸せとは何か、それを自覚する自分とは何かという、真理を求める求道心こそが必要で大切なのです。

仏教では、それを**菩提心**《ぼだいしん》と呼び、菩提心が無くして仏教は無いと言えます。

その菩提心には、人それぞれに強弱はありますが、全ての人に平等に存在し、その心は真理を求める向上心であり、我々の生きる基本でもあります。

我々は、人生において宗教など必要無いと思っていても、意義のある人生を送りたいと考えるなら、真理を求め、正しい価値観を得る必要があります。

我々が、それぞれの環境の中で、心とは何かを求める、菩提心の追求こそが、生きる意味でもあります。仏道はそれを成す道であり、仏教を求め実践するところに、生きる意味や意義もあるのです。

自ら求めることなく、他人から与えられる価値観は安直で便利なものです。

特に拝金主義一辺倒の価値観は解りやすいのですが、金持ちが皆、幸せというわけではなく、ほとんどが財産を持つほどに多くのトラブルも生じ、苦しみも増すのが現実です。

他人から与えられたものは所詮、他人のもので、自分から苦しくても求めて、自らの中から生じたものは、永遠に自分のものであることを知らなくてはなりません。

マスコミや親、先生、先輩、友人などの他人の意見は、全て他人が意図的に作ったものであり、そこには、本当のものは、無いということです。

いつまでも世間に騙され妄想して憧れることは、無知な未熟者がすることです。一方的に与えられた価値観の追求は、間違いであり、いい加減そのことにそろそろ気づく時が来ています。現代日本では、宗教は何を信じようと自由です。

「その考えは間違っている、我々の話に耳を傾けなさい」と忠告しても、全く意味はありません。

仏陀も比喩《ひゆ》として、『遺教経《ゆいきょうぎょう》』の中で、医者が病人に薬を与えても、病人が薬を飲まないで、病気が悪化するなら、その責任は医者に無いと説いています。

全ては、目の前にいくら正しい真理があっても、気づかない者や求めない者には、強制もできないし、理解しない者には、必要ないのかも知れません。

それは、語るほどにお互いに不愉快になるばかりです。それゆえに、誰にでもというわけにもいきません。求める者、強い菩提心がある者だけに与えられ、求めなければ永遠に理解されないのです。特に、禅宗が行う坐禅は、現代の椅子による生活をしている我々には、「坐禅は苦行ではない」と言っても、十分に苦行です。さらに、坐禅の意味を十分に説明されず訳が解らず強制されると、菩提心も萎えてしまいます。特に、禅宗の指導法は棒で打ったり、「喝《かつ》」と大声で叫んだりと、はなはだ乱暴でもあり、実に不親切とも思えます。指導者の中には、坐禅を知らない者ほど、意味なくむやみに棒を振り回す傾向もあります。

全体的に、今はやりの「ほめて伸ばす」など、優しく導くことなどしません。「乱暴で恐ろしい」と言う人もいます。今でも、禅僧の修行の場である僧堂に修行者が入門を願い、門を叩くと、まず、「何をしに来た！」と言われ、玄関や山門の入り口で追い返されたりもします。「それでも」と、そこで食い下がる菩提心のある者が、修行を許されるということになり、始めに菩提心の強さが試されます。

少林寺拳法で有名な菩提達磨《ぼだいだるま》が二祖慧可《えか》の弟子入りを許すに際しては、訪ねていっても会うことさえ許さず、慧可は夜を徹して達磨の部屋の外で、雪の降る中、立ち尽くし弟子入りを懇願しました。しかし、「仏法はなまやさしい志《こころざし》で得られるものではない、早く帰れ」と言われ、慧可は思いあまって、自分の左の臂《ひじ》を断ち切って、それを達磨大師に差し出して、弟子となることを許されたとあります。苦を脱するということは、それだけ簡単なことではないのです。坐禅は、人生の一大事を解決する方法であり、遊び半分の生半可なことで、解決するわけもなく、多少の厳しさがあっても、突き進むという菩提心の強さが必要なのです。それが、真理を求める動機でもあります。

自分の中で、その動機付けを明確にしなくては、前には進めないということになります。動機付けが弱く不確実であると、少しばかりの坐禅で足が痛くなると、すぐに放棄します。ついでに言うと、坐禅は足が痛くなるものです。それでも、行う価値も意味もあるのが坐禅です。

初めから楽をして、何かを得ようとするのは、間違いです。

少しの困難で、坐禅が放棄されるのは、まだ機が熟していないとも言えますから、やめた方が良いのかも知れません。しかしそれでも行う者は、本人が気づかないだけで、潜在意識の自分である自己が、真理を激しく求めていることであり、早くそこに気づくことです。

仏教は求めなければ、何も得られず、求める人にだけ与えられます。

それは、人には、悟りを求める心は誰にでも平等にありますが、求めなければ理解されず、仏に会うことも知ることも無いからです。

アンリさんは、ヨーロッパ生まれの外国人で、カトリックの神父として日本に布教に来て、数十年経ちます。ある時、坐禅の接心会の帰りに、電車の中で同じく接心会に参加していた彼と一緒となり、私が長年疑問に思っていた、神の存在を尋ねました。

「神に会ったことはありますか」と尋ねると、意外にも、「はい、自分が幼い時、森の中で神様に会いました」と答えました。「どんな形ですか」と尋ねます。

「人の形をした、強い光が満ちあふれていました。神だとすぐに解りました。わたしは、その体験があって、神父になりました」と彼は答え、彼がとても強い宗教体験を持った人であると、その時、知りました。それゆえに、坐禅に興味を持ち、悟りという確かな宗教的体験をさらに求めたのかも知れません。彼は私たちより熱心に坐禅し、その態度には純粋で汚れがありません。街で見る外国人とは、かなり異なり、気高く、崇高な者に見えました。

宗教は違いますが、彼と色々と話をするほどに、彼のひたむきな清らかさに心が打たれ、このような人がいることに驚きました。人の本質は、変わりません。神の存在は知りませんが、自己とは何か、真理とは何か、それを求めて追究し、自覚するのは個人の自由です。

求めなければ、何事も得られず、いつまでも目先の利害や損得にとらわれ、苦しみの中にさまようことになります。他宗教の外国人でさえ、自己や真理を求めるのです。

どこまでも、心の中にある何かを求めるのは、人間の本質とも言えます。それは、外国人でも変わりないことなのです。

仏教は、他の宗教を排除しません。法理に反したことをしなければ、誰であろうと求める者には与えられます。彼もまた自分と同じように、道や真理を求める人であると確信しました。

そして、このような人と巡り合った因縁《いんねん》に深く感謝します。

この日本という仏教国に生まれ、仏教を知らず求めないということは、大変残念なことです。

それは、どんなに社会的に成功し地位が向上しても、成り上がって金持ちになっても、それで人生は良いのかという話なのです。

仏陀の説いた真理の法は、全ての人に直ぐに理解されることはありません。しかし、この世界には、先天的に汚れの少ない人が、色々な環境や境遇の中にいます。

それゆえに少数でも、真理に近い者から解脱し、求めない者が、いつまでも苦しむのも、しかたないことなのでしょう。

✤仏陀の教え

仏教には、初めに教えの前提となる、根本原理として**三法印**《さんぼういん》があります。

諸行無常《しょぎょうむじょう》：すべての現象は常に、移り変わり定まることはない。
諸法無我《しょほうむが》：いかなるものも、我ならざるものであり、実体はない。
涅槃寂静《ねはんじゃくじょう》：全ての執着を離れた涅槃は、安心で静寂である。

さらに、**一切皆苦**《いっさいかいく》：この世界は苦であり、作られたものは全て、苦しみの元である、との教えを入れて四法印《しほういん》とすることもあります。

三法印を基礎として、さらに、具体的な教えとして、因果《いんが》の法、四諦《したい》の法、十二縁起《じゅうにえんぎ》、八《はっ》正道《しょうどう》があります。

まず、仏教の基本法理として、因果の法がありますが、後の第六章で詳しく述べます。

そして、仏教理論も坐禅も悟りも、全ては解脱の手段であり、これらを追求して解脱をなす過程が「**四諦**《したい》**の法**」であり、順番に**苦**《く》・**集**《しゅ》・**滅**《めつ》・**道**《どう》です。

苦とは、この世界は、四苦八苦と呼ばれる、苦しみの世界であるということ。

集とは、全ての苦しみは、色々な要素が集まることで生じること。

その苦を我々が感ずる原因を順に分析して、並べたのが、**十二縁起**《じゅうにえんぎ》です。

滅とは、苦しみは滅し、脱することができると、深く理解する悟りのこと。

道とは、それらの思い、執着を無くするには、道を歩まなくてならないということ。

その道とは、**八正道**《はっしょうどう》であり、解脱への道、仏道を意味します。

八正道とは、悟りの実行であり、**正見**《しょうけん》、**正思惟**《しょうしゆい》、**正語**《しょうご》、**正業**《しょうごう》、**正命**《しょうみょう》、**正精進**《しょうしょうじん》、**正念**《しょうねん》、**正定**《しょうじょう》です。八正道は、理解、納得するだけでは不十分であり、行いとなり実行されて、初めて道を歩むということになります。

悟るとは、真理を明らかにして、行いを正すということなのです。

しかし、悟らなくても教えを理解し、実行することでも無意識に苦を逃れ、真理は実行され、人格の向上となります。またそこには、教えを信じて従うという宗教の基本姿勢が必要です。

また、八正道は、いずれも頭に正という字がつきます。その、正という正しさは、何をもって、正しい、と言うのでしょう。道理、道徳、倫理、規律、法律をもって、その正しさを示すのでしょうか。

仏教が示す正しさとは、そのようなことではありません。

それは、社会から与えられたり、他人から教えられ、了解、納得したり、強制されたものではなく、また、物事の是非や善悪を追究して、正しさを決めるものでもありません。無我の自己が、現実のありのままの姿を見て、それが真理だと認識することが、仏教が示す正しさです。それは、単に正しさを知るということだけではなく、この世界の真理をも知ることになります。悟りは、自性を知るだけではなく、変わらぬ真理を明らかにすることでもあるのです。

そして、禅宗は経や教義に頼らず坐禅を行うことで、真理の追究を行い、身に付けることが基本です。

それは坐禅が行《ぎょう》であり、その坐禅の延長線上に、我々の日常生活があり、この娑婆世界で道は実践されることで、人格が改革されるところに本当の意味があるからです。

仏教は、宗教であり、哲学や理論ではなく、教えを信じて従い実行するということが無ければ成り立たないということになります。

✤ 坐禅とは

仏陀が坐禅により悟りを得たことから、坐禅を実行して、真理や悟りを得て解脱を目指すのが禅宗です。坐禅はそのために行い、悟りを得る手段であるということになります。

その仏教の坐禅が、坐禅をするための坐禅、単に坐布《ざぶ》に坐るだけの坐禅になってはなりません。

坐に集中するあまり、本来の目的を逸脱して、単純に坐すれば良いと思い込むのは間違いです。

坐禅は、坐して姿勢を正し、精神統一を行うことで心を定め整えることであり、さらには、坐による静まる力、定力《じょうりき》が日常の妄念妄想を打ち破り、静寂にして真理を見極め、自らが真理となるための行いです。そして、坐禅以外の日常でも、常に平常心が働くことが一つの目標です。

世間一般に言われるように、「坐禅は何も求めず、ただ坐すれば良い」というのは間違いです。

悟りを求めないこのような坐禅を、**無事禅**《ぶじぜん》と呼びますが、無事禅が何も目的を持たない坐禅と勘違いしてはなりません。

これは、坐禅を行う上で、とらわれや雑念、妄念妄想をするなという意味で、決して「無目的に坐禅をせよ」ということではありません。もし、目的のない無事禅を行うなら、ヨガの方が健康にもよく、効果もはっきりとしていますから、むしろそちらを行うべきでしょう。

また、坐禅は、肝を太くし、何事にも動じない精神力を得るというのも間違いで、坐禅を行うことで何事にも動じない精神力が得られることは事実ですが、それだけでは仏教の坐禅とは言えません。また、特別な境地を求め、洒脱《しゃだつ》で特殊な人間となるというのも違います。仏陀はそのような動機や目的で坐禅を行ったのではありませんから、これらは仏教の坐禅とはなりません。

さらに、神秘体験や不思議体験を求め、人智を超えた導師や仙人のような特殊な超能力者になろうとするのも間違いで、仏陀は、そのような体験や境涯を完全否定しています。仏教では、これらは外道禅《げどうぜん》として嫌い、全く別物としています。

そして、仏教の坐禅は、心を落ち着かせ、**平常心、三昧、禅定《ぜんじょう》**に至り、**真理の智慧《ちえ》**を得るのです。

それは、まず心が安定してどこにも傾かない、私慾や自我が無く、平らな心の状態となり、外界の刺激に心が動かない、平常心、不動心となることです。

次に、三昧とは成りきり、禅定とは**仏教的瞑想**のことで、共に「空」を意味します。

坐禅を行い煩悩や妄念妄想が排除されると、外界の状態に関係無く、無我の静けさの中に一つの清浄感を感じたり、何とも言えない落ち着きを感じ、身体の丹田に意識が落ちるような感じになります。また、単純に深い安定感や安心を感じる時もあります。それは、周りの環境の気配や音などを感じながら、気にならない、遠い向こう側の出来事のように感じられ、自分でも平常心や不動心になったと認識できます。

初めはなかなかそうなりませんが、坐禅を行い、坐禅が深くなると、それはより明確になります。しかし、単に坐禅が深くなり三昧となり、定力が強くなるだけでは、禅定は得られません。そこには仏教を信ずる、自己を明らかにする念や、思いが無ければならないのです。

それは、具体的には「**我、仏なり。私は仏**」と念ずることで、潜在意識に訴えることです。初めは何も解らなくても潜在意識である自己は、それをきちんと自覚しています。この信心が無ければ、どんなに坐禅をしても、禅定は無いと言えます。

仏教の坐禅とは、単に心を静め落ち着かせることではなく、三昧状態において、意識的に禅定に至り智慧を得ることなのです。そして、悟りは、坐禅による智慧の働きによる気づきです。

また、坐禅以外にも、悟りを得る方法として、念仏や荒行などの勤行による方法があります。

しかし、仏教は、仏陀が坐禅により、智慧を得て悟り、始まったという歴史的事実もあり、悟りを得るには、坐禅が一番の近道と言えます。

それでも、坐禅を実行したからといって、悟りがすぐに理解され、真理が得られるとは限りません。

経には、「潜行密用《せんこうみつよう》は愚の如く魯《ろ》の如し」とあります。これは、仏道修行とは、人知れず行っていれば、愚か者、役立たずと思われてしまいますが、続けていけば、知らずに必ず正しい結果が現れると言っています。何事も時間が掛かり、時が必要なのです。

坐禅では、短時間で悟りを得る者、長い時間を要して悟る者など、悟りに至るまでの時間の長短はありますが、諦めなければ男女や年齢の別無く、誰でも行うことで必ず得られるものです。

✤ 智慧《ちえ》とは

仏教が示す智慧とは、坐禅などにより、心を整え静めることで生じる、思いや念のことです。それは、あるがままの真理を示し、全ての物事を正しく認識して判断する思いや念のことです。

我々が普段、我欲や執着で分別し物事を判断する知恵《ちえ》とは、呼び方は同じでも、意味は全く異なります。我々が、日常生活の中で分別、判断する知恵は、考えを巡らすほどに、雑念や妄念妄想を生じ、真理を曇らせ、迷いや不安を我々に与えます。ここで示される智慧は、変わらぬ真理を示す、思いや念のことであり、この二つを、混同してはなりません。

智慧は、坐禅を行い、三昧や禅定に至り、そこから、突然瞬間的に、沸き上がるように生じます。

それは、悟ることで、智慧の存在が、一層、明らかとなります。

しかし、必ずしも坐禅を長くすれば、禅定に至り智慧を生じるわけではなく、長時間の坐禅は、陶酔禅や朦朧《もうろう》禅、虚無禅になりやすく、長ければ良いということでもありません。逆に、坐禅の時間が短すぎると、なかなか禅定には至れず智慧も生じません。

そして、智慧は坐によらないと生じないかというと、そうではありません。禅定は日常生活においても、平常心が保たれ、心が平常や不動の状態であり、潜在意識に仏があれば、無意識に三昧、禅定となり智慧が得られます。それは、自分の意識とは関係無く、その状態になれば、どこでも何時でも生じます。しかし、我々は、生じた思いや念を一時の気の迷いや思いつきとしか考えません。

それは、智慧が自分の過去の経験や観念に関係無く、現在のありのままの真理を示すことから、その多くは、自分が認めたくないことや、知りたくないことを思い念じるためでもあります。そのため、その思いや念を雑念や妄念妄想と決めつけたり、自分の利益に繋がらない、または自分の立場を悪くすると思い、真剣に取り合おうとしません。

しかし、心を静かにすれば、そうではないことに誰もが気づきますが、智慧は瞬間的に生じて、すぐに通り過ぎるため、その思いや念が認識できないということがあります。それは、我々が、日常的にその思いや念が生じても、取り合わないように習慣化されてきたことで、全てが無意味と感じて無意識に通り過ぎるからです。

そして、そのような思いや念は、余計なことと認識して、時として生じるものと知っているから、つい次から次へと生じる、雑念や妄念妄想などの煩悩と智慧を、同じ次元で頭で分別してしまいます。

すると分別することで、生じた智慧は、たちまち知恵となり、行動としてなかなか表れないことになります。しかし、心の本体である自己はそれを許さず、智慧は我々の心に深く働き掛けます。それでも多くの人は、智慧が何か、自己の存在や自己が何かに気がつきません。自我である煩悩に眩《くら》まされ、そこで大きな矛盾が生じ葛藤し、迷い苦しみが生じるのです。

大体、正しい法理というのは、思い通りにならないことや、自分自身に都合の悪いことなのです。

そのため、我々は、日常では常に混乱し、思いや念である智慧と雑念や妄念妄想などの煩悩とが混濁し、区別が付かず、生じた智慧である真理をすぐに失います。そこに気がつき、智慧を求めるには、やはり日頃の坐禅です。坐禅をして、常に心を静めるなら、日常生活においても平常心が保たれ、智慧が示す真理が何かを容易に理解します。さらに、智慧は認識するだけでは駄目で、生ずる念や思いに従ってこそ意味があり、後に自分の行いに悔いることもなくなります。

一時の利益や快楽に騙されず、生じる智慧を大切にして自己の本質を失わないことです。

✤仏性《ぶっしょう》について

我々の全ての人には、仏性があり、我々自身が仏であると仏陀は教えています。

その仏性とは、なんでしょう。

字をそのまま読むと、仏の性質ということになり、仏性は常にどこにでも我々に付き添い、いつか尽きて無くなることはないとしています。

愛憎、憤激、真偽、善悪、美醜、是非、正邪、安楽、悲嘆などは、全て自我による働きで生じる思いですが、仏性はそれらの煩悩による迷いではなく、自我を離れた働きを言います。

その働き掛けとは、八正道の正思、正念を意味し、是非や善悪などの分別を超えた思いや念であり、社会的道徳や倫理とは別な諸行無常、空という、仏教観から生じる働きのことで、我々の生きる基本でもあります。そして、仏性は自我の中に隠され、なかなか自覚することは難しいのですが、時として本人の自覚がなくても働き、行動となって現れます。その、生ずる心とは、善心とも良心とも呼ばれ、仏心とも呼ばれる、**清浄心**、**正義心**、**慈悲心**、**菩提心**《ぼだいしん》のことです。


しかし、全ての人に仏性はあっても、それを探り明らかにしなければ、仏性が何かを知ることはできません。その、生じる全ての思いや念は、単なる気の迷いや、突発的に生じる感情と誤認されかねません。さらに、自らそれを認識し、修めなければ仏は現前せず、仏性は日常でも役に立たず、真理を得ることも成し遂げることも、道があることさえも知ることはできません。認識できなければ、むしろ邪魔と感じたりします。

そして、仏性はなぜあるかと言うと、道元禅師は『正法眼蔵』の中で、「それは解らない」と言っています。「あるものは、あり。それが我々の本質であり、生ずる念や思いは、その現れだ」としています。仏性は、我々が生まれたその時から、なぜかは解りませんが、全ての人に備わっており、誰かが作ったものでも、与えられたものでもなく、生まれたその時から、仏陀と同じものが、男女、貴賤の別なく、善人であれ、悪人であれ、どのような極悪非道な行いをする者にも、平等に皆に備わっています。

仏性は認識する、しないにかかわらず常にあり、それが我々の中に常に変わらぬ完全無欠な真理があるということなのです。

そして、我々の自覚が無くても、自己は常に人格の向上を望んでおり、我々が動物や無知な人間として何度も輪廻をして、転生を繰り返す中で、身に付いた真理の現れが仏性なのです。『本生経』には、仏陀は前世で、色々な動物や修行者として生まれ変わり、多くの善行を成したことで、仏と成ったことが物語として書かれています。

私は、善行の積み重ねが、心の奥の意識に真理を刻み、仏性として現れると考えます。そして我々は、真理を明らかにして、さらに善行を積み重ね、仏となるのだと思っています。

さらに、道元禅師は、「仏性は我々の中に種のようなものがあり、知識や経験により草木が生長するように、育てていくものではない。仏性は、煩悩などの闇がかぶせられ、時として見えなくなるものだ」と述べています。

仏性は、種があり、草木を育てるように、我々が自我を持って作り育てるものではなく、初めから、生まれた時から皆に備わっているものです。しかし、鏡は磨かなければ、実像を表すことができないように、仏性も心に付いた観念や妄念妄想を払い、心を磨かなければ、すぐに見えなくなる性質があるのです。鏡に付いた、煩悩という塵や芥を払うことで、仏性は明らかになると教えます。

そして、我々が、仏性を認識できないのは、自分の無知や無明、自我や我見が勝手に煩悩にとらわれ妄想するからです。我々が、仏性に気づいて大切だと思うなら、その煩悩を払いのけなくてはなりません。いくら年齢を重ね老練な老人となろうが、自我や我見で煩悩に振り回されていては、絶対に見えず、理解できません。平常心で全ての執着から離れ、智慧を得ることで、はじめて見え、理解されます。それは、暗闇に真理という一筋の光明が射すことを意味します。

仏性は、各人が持つ仏の性質であり、人や動物などを哀れんだり、慈しんだりする心の在り方であり、自分の為にならないこと、損をする思いであり、そのような行動をうながす心のことです。

さらには、我々が、自分の行動に、反省をしたり悔やんだり心が痛むのは、何かの力が自分に働いたということであり、それが我々に仏性があるという証しでもあります。

仏性を思うことは、自分の性質が仏陀と同じであり、我々の中には、そのような尊い自分があるということです。その自己の存在を我々は大切に思わなくてはなりません。

✤ 仏道と禅宗

道とは、自らが実行して理解するもので、それを仏道と呼び、禅宗では辨道《べんどう》と呼びます。剣道、茶道など道と名の付くものは全て、皆同じで、模倣から始まり、練習、鍛錬することで技術を超え、無我の自己の人格化が最終的に目的となります。当然、極めると人格は向上し、完成されます。極めることは真理に近づくことでもあります。しかし、道を求めることは、最初は目指すところは同じとも言えますが、極めるということに関しては、仏教が目指すところは他の道と全く異なります。

仏教の道を極めるとは、単に真理を得て人格者となるということではなく、その境地は自分一人のことに収まらず、他に対して色々な形で真理が広がっていくことを意味します。

そして、道は日々の日常を過ごす自分の足元にあり、これが道だと意識されることは無くても、真っ直ぐなことを言います。坐禅を日々日常で行うことも、真理の広がりなのです。

現在、日本には、禅宗は黙照禅《もくしょうぜん》の曹洞宗《そうとうしゅう》と、看話禅《かんなぜん》の臨済宗《りんざいしゅう》の二宗派あります。どちらも、修行方法は異なりますが、仏道という道を歩むことに変わりはありません。

黙照禅の曹洞宗は、初めから悟りは求めない、ただ坐るという只管打坐《しかんたざ》を行います。それは、坐すこと自体が、仏行であり、悟りの実行だからです。

しかし何も無く坐するわけではなく、そこには、前記したように、自己を信じ、自分は仏であるという思いを持ち、潜在意識には強い信心が無ければなりません。

そして、只管打坐を進め、坐により禅定に至り、智慧を得て自己の存在を知ることとなります。

そこにまで至る人は稀ですが、それが默照禅です。その自己の存在を知るには、何よりもその自己の存在を信じて、それが何かを追究、認識するという意識と覚悟を持たなくてはなりません。

それは、自己との対面を意味し、さらに、自己になるということがなければ、いくら坐禅を行っても何も得られず、坐禅が単なる定力を高めるだけのものになります。

そのようにして坐を進めるなら、全てのとらわれは、坐により自然に払拭され、無我に坐るところに自己が認識され、自己が理解されます。そして、智慧の実行がそのまま悟りの実行だと認識します。

默照禅、只管打坐とは、そのような坐禅を意味しますが、現実はそうなっていませんし、誰もそのような指導はしてくれません。

それは、坐禅を知らないからで、専門職の僧侶でさえ、そのようにして何百年も伝承された、形骸化された形式的な坐禅しか知らず、自らを探求することを怠ってきた結果でもあります。

誰も知らない教えられていない、日常においても坐禅が十分に行われていないということであり、それを今更あげつらい、個々の僧侶や指導者を責めても、意味はありませんし、無駄なことです。菩提心も智慧もなく、見識の浅い者とは、議論はかみ合わず互いに学ぶべきところも無いのです。

誰に教えられなくても、自身で坐禅を工夫して、真剣に坐禅を行い、自己を追究し、仏を求めるなら、それは自然に理解されます。他に頼らず自分自身を師として、真理を求めることが大切です。他を責めても、何も得られるものはありません。

全ては、自らが坐を進めることで、自分で摑み取らなくてはなりませんし、書物や誰かに頼っていては、それは得られません。そのような外界からの教えは捨て、信じて求めるべきは、自分自身であり、自己であるということです。そして、それは自分の中から、生じたものであるがゆえに、これほど確かなものは無いということです。

次に、看話禅の臨済宗とは、公案禅とも呼ばれ、黙照禅の曹洞宗のように坐して自己を求め、自己と対面し、自己となるという修行方法ではなく、師家《しけ》と呼ばれる指導者（老師）に従い、教えを受けます。それは、具体的には、公案と言われる仏祖や祖師の過去の行状、問答をまとめた書籍をもとに、室内で独参《どくさん》と呼ばれる禅問答を師家と一対一で行い、弟子は、自分の見解を師匠に示し、教えを乞うという形で、次々と公案を進めて真理の探究を行います。

そのため、まず初めに悟りを求めます。しかし、全ての公案を終わらせても、それは、どこまでも学びであり、論理を知識として理解しただけに過ぎません。どこまでも、机上の理論ということになります。さらに、日常生活の中でそれを活かし、活用する努力をしなくてはなりません。それが机を離れた、悟りの実行であり、生きた仏教の実践ということなのです。

そして、坐は常に変化します。その日の体調、年齢、経験、心情の変化など色々なことが原因です。そのため、常に坐を練り、自分流に変化させる必要があります。人から教えられたように、本に書かれたように、いつまでも行っていては、坐禅は単なる習慣となり、自分のものとなりません。

初心の者は、初めは教えられたように、基本に従い坐禅を行いますが、ある一定期間過ぎてからは、坐により自分の坐禅を作り込んでいく必要があります。それは、さらに坐を離れ、日常生活でも、いかにして平常心や禅定を得るかということになります。

第二章　私と坐禅

✤ 坐禅との出会い

私は寺の生まれでもなく、親も親戚も特別、宗教や仏教に熱心だったわけでもありません。ただ、家は禅宗の曹洞宗《そうとうしゅう》でした。

私自身も、仏教や僧侶と深く接することはなく、幼い頃は祖父の月命日に僧侶が来ると、仕事で忙しい両親に代わって、仏壇の前で僧侶の後について合掌するくらいで、仏教や寺院、僧侶にはさほど深く興味を持ちませんでした。

しかし、私は、子供の頃から、妙に人より感受性が強く、常に人が気にしないことが気になる子供でもありました。そのため、低学年時期には「集中力が足りない。先生の言うことを聞かない変な子供」ということになり、先生には、大いに無視され嫌われました。特に、物心が付いた頃から、心の奥から湧き上がる仏性、特に自分が持つ慈悲心に訳が解らないままに、その心を愛しく、何より大切であると漠然と思いました。しかし、その心が何か、なぜ生じるのかという疑問には誰も答えず、教えてはくれません。ただ、自分は他人とは明らかに違う性質を持ち、それは他人には理解されない困った子供であり、その思いは妄念妄想を生みだし、自分を苦しめるものだと感じていました。

そして、中学校の頃から、自分の中には二人の自分が絶えずいるのを感じていました。自分が正しいと思うように行動しろという自分と、自分の利益になるように行動しろという自分です。それが入れ替わり立ち替わり、うるさいくらいでした。そのため、漠然とした不安や是非、善悪の葛藤《かっとう》に常に悩まされていました。

さらに、心とは何か、人はどう生きるべきかを考えるようにもなりました。

そして、親が鉄鋼業を経営していた関係で、工業系の高校、大学へと進学しました。工業系の学校は、どうしても画一的な教育を行い、自由で発展的な発想を許しません。そのため、高校の授業は全てに興味が全く湧かず、私には、何の意味も価値もない無意味な学生生活でした。

また、大学の授業も同じことでしたが、大学生活は違います。私も少し大人になり、クラブ活動や友人との付き合いなど、授業以外の部分で多くのことを学び、画一的な人間を作るくだらない高校生活とは異なり、有意義な時を過ごしました。

この大学時代に経済や企業倫理を学ぶことで、この世界の価値は金銭や物質、出世ではなく、もっと大切なものがあることを学び知りましたが、生じる心が何かを知ることは無く、模索する状態でした。

それは、生ずる心の存在を認識しますが、何か解らず心に不安を感じ、振り回されるためです。

また、二つの心は共に生じるがままに制御しますが、時として制御できないものであると知りました。

当時は、心の認識ができても、何が真理で何が妄念妄想かも知らず、判断もできず、二つの心を混同して、同じ価値観でとらえ、それが何かや、違いを全く理解できませんでしたし、それを教えてくれる人や、それを理解している人物との巡り合いもありませんでした。

それは、多くのことで無駄な思考や葛藤をして、判断を間違えることにもなりました。

そして、大学四年の後半、皆が就職を決める頃、友人が「なぜ、就職しなければならないか、人生とは何か」と、疑問を私に投げかけます。それは、私にとって青天の霹靂《へきれき》でした。

それまで私は、皆が思春期には多少なりとも、そのような思いに、取り付かれるものなんだと思い込んでいましたから、「今頃かい」、そして、「なぜ、俺に聞く」ということで、驚いたのです。

当時は私も若く、疑問や思いがあっても、訳は解らず、「人は食べるために、就職して、生きる」としか、答えられませんでした。しかし、それは間違いで、人は食べても、食べなくてもいつか死にます。

後日私は、人は人生をどう生きるかこそが問題であり、大切であることに気がつきました。しかし、彼は遅鈍《ちどん》でも、そこに気がついただけ立派です。社会に出ると、全く仏性に気がつかない者や、さらには、そのようなものには価値は無く、むしろ、生活に邪魔なものであると考え、意味の無い競争に明け暮れる愚か者が大勢いることを知りました。

私はその頃から、二つの心を場面ごとに使い分け、自分の利益を守り、さらに自分の正しさも、そこそこ満足させる日々でしたから、当然、常に色々な雑念、妄念、妄想が頭を巡っていました。

大学を出てからは、建築関係の会社に就職し、しばらくそこで働いていました。仕事も慣れた頃、父親が病気になり、私はサラリーマン生活を辞め、家業を手伝うことになりました。家業は、地方の鉄鋼業で、個人会社の零細企業です。当時、会社は特殊な分野の仕事をしていたので、経営は比較的順調で従業員も数名いました。しかし、父は病気が進み、どんどん体調は悪くなり、ついにはベッドに伏せてしまい、それを見ると、何ともやり切れない気持ちになりました。

そんな時、仏教書を色々読んでいると、無性に坐禅を行ってみたいと思い、近所の寺の坐禅会の門を叩きました。

当時は、何の決意も意識も無く、門を叩きましたが、今思うと、心が無意識に求め、そして坐禅にたどり着いたのです。その不思議な因縁をしみじみと感じます。

✤長田老師のこと

寺には三十人くらいが坐れる立派な坐禅堂があり、坐堂には坐禅指導をする長田老師がいました。土曜日の夕方、坐禅堂に行くとすでに、長田老師と他に五、六人が坐禅していました。老師は、六十歳代後半の、実直で穏やか、物静かな感じの人でした。老師は私を、別室に呼ぶと、まず初めに「よく、いらっしゃいました」と言うと、深々と頭を下げます。私は、その所作に非常に不思議な感じがして、戸惑いました。

「私は、長年坐禅指導をしているが、坐禅は難しい。この町には十数万人の市民がおるが、坐禅を行った人は、この中で一パーセントにも満たない。そのことは、坐禅を行うことが、世間ではいかに珍しく、風変わりなことであるかと言える。そして、坐禅は、長く続けてこそ、意味も価値も出てくる。君には、これから末長く坐禅を続けてほしい。また、この世界では、何事も偶然ということは無い。今、君がここへ来たということは、来るべくしてここに来たのだ」と言いました。

しかし私は、その言葉を深くとらえられず、「そうなのか」と思うだけでした。

長田老師は長年、坐禅堂で私を待っていたのかも知れません。

老師は、それだけ言うと、坐り方等の指導をし、作法をこと細かく教えてくれ、最後に、「この寺は曹洞宗の寺である。曹洞宗の坐禅は『只管打坐《しかんたざ》』と言う」、さらに、続けて、「坐禅そのものが、仏と信じてただ坐る。しかし、我々が行っているこの坐禅は、ただ坐るだけでなく、公案により問答を行い、見性《けんしょう》、すなわち、悟りを求め、さらに公案で境涯を高め、人格の向上や完成を求めるものである」と言いました。

「我が坐禅会に来たからは、只管打坐と公案禅を併用し同時に行い、ぜひ見性を目指してほしい」と、いきなり「**無字**《むじ》」の公案を与えられました。ここから、私と老師による、無字の公案との格闘が始まります。公案とは、過去の禅の祖師達の言葉や行為を究明、探求することで、禅とは何か、その真髄を学び身に付けるための問答の問題を言います。代表的な公案集（書物）に『**無門関**《むもんかん》』、『**碧巌録**《へきがんろく》』や『**従容録**《しょうようろく》』などがあります。公案禅は、主に臨済宗が用いる修行方法です。具体的には、師家《しけ》と呼ばれる指導者に付き、公案集による禅問答を行い、指導を受けます。

そして、初心者は、まず「**見性**」と呼ばれる初期の浅い悟りを目指します。

只管打坐と公案禅を併用して行う坐禅は、曹洞宗では大変に珍しい、新しい坐禅であることを後に知りました。

✤趙州狗子《じょうしゅうくし》の公案

禅では通称「無字」の公案と呼ばれるものがあります。それは、中国の禅の指導書で『無門関』という公案が書かれた書物の、一番最初の公案で、第一則「**趙州狗子**」の公案のことです。初心者は、多くがこの公案から始まります。内容は、趙州和尚に僧が問うものです。「犬の子に仏の性質、仏性が有るか、無いか、どちらか」と尋ねられ、趙州和尚、「無《ムー》」と答える。

この「無字」に参じて、これを念じて坐りなさい、と言われます。

この時、坐禅は、ただ、ひたすら「ムー、ムー」と念じて坐るだけですが、これがなかなか難しく、すぐに雑念、妄念妄想にとらわれ、心が定まらず上手くいきません。そして、この無字の公案で、指導者である師家は、修行者を見性や悟りに導きます。初心者は、最初になぜ無字を行うのか、無の何を求めるのかなどの説明を一切受けず、全く訳が解らないままに坐禅と無字を強要されます。

しかし、初心者が、無字を知るには、全く何も解らない、無字を知らない白紙の状態の方が、より早く見性に近づけるとしています。初心者は、この公案の場合、無字が何かと考え、思考し分別することなく、ひたすら「ムー、ムー」と、指導者である師家《しけ》を信じて念じることです。

そして、坐禅をするほどに、師家との問答を重ねるほどに、無字は思考や観念ではないと理解します。この「無」は、有無の無ではなく、また学問として思想的に理解するものでもなく、坐禅を行い活きた事実として、とらえて知る「無」なのです。それは、また別な公案で、他の者が無門和尚に同じ質問をして、和尚が「有」と、全く反対のことを答えていることから示されています。答えが、無であり有であるとすると、趙州の無字は、単純に物の有る無しを尋ねていないことは明らかで、有無の奥にある自己の本質を尋ねているのです。無字とは、本来の自己を、そして無我や空を示しています。そこが理解できれば、無字の関門を通り、見性という悟りを得ることになります。

無を知ることは、空を知り無我の自己に徹することでもあります。『無門関』の解説書には、「さすれば、主観と客観が一つになり、無が現前し、突然爆発するように、無が理解され、悟りまたは、見性する。それは、あたかも天地がひっくり返るような、驚くべき境地が開ける」とあります。見性体験は、自分自身に大きな感動と感激を与え、当然その境地も価値観や人生観さえも変化させます。そのため、悟らなければ、どんな人も俗人の迷いである、煩悩は破れないとも言います。また、坐禅堂での坐禅の他に坐禅中、鐘が鳴ると**独参**《どくさん》と呼ばれる個人指導があり、個室にて**師家**と呼ばれる老師と直接向き合い、禅問答をします。

老師は言います。さらに、「趙州の無を持って来い」と、毎回問います。「無い」と答えても、「有る」と答えてもダメ。すぐに追い返される。なんと答えても、何度も追い返される。独参を重ねるほどに、ついには受け答えに窮し、言葉に詰まると、これも直ぐに追い返されます。皆この無字の公案では悩まされます。

そして、ある日、坐禅指導を受けた老師から、他の寺に泊まり込み、集中して坐禅を行う、「接心《せっしん》」があり、参加することを勧められ、何も知らず、参加しました。

✤北南会《ほくなんかい》

寺の坐禅会は、「北南会」という会に所属していました。

会は、白雲老師という人が創設し、私が会に入る少し前に亡くなり、長年指導を受けた木下老師が後を継いで、師家となり会を指導していました。白雲老師には、私は一度も会ったことは無く、写真でしか知りません。

私に、当初坐禅指導をした長田老師は、長年、白雲老師に指導を受け、老師亡き後、木下老師の下に参じて指導を受け、公案を参究し公案禅を、そして「只管打坐《しかんたざ》」を実践していました。

北南会の創設者、白雲老師は、曹洞宗の僧侶です。

白雲老師は、初め曹洞宗の坐禅である只管打坐を修行していましたが、それに納得がいかず、公案禅でも修行し、曹洞宗の坐禅である只管打坐に公案を加えた、新しい坐禅の実践、普及をしていました。初めは、僧侶を対象に、その坐禅を普及させようとしましたが、同門僧侶には、全く同意が得られず、興味を示した、一部の僧侶や一般の在家の人を対象に、坐禅指導を各地で行いました。

そのため、指導を受けた人は、曹洞宗の僧侶や在家信者のみならず、他宗派の在家信者やキリスト教徒の牧師や信者まで、多様にわたっておりました。

しかし、白雲老師は、澤木興道や鈴木大拙のように、全国に名を馳せることはありませんでした。

その見識や境涯、人格の高さは、多くの人を感化し、自らの禅を指導することで一部の人々に、大きな影響を与えました。著書も多数あります。

そして、北海道では、僧侶と一般人が共に、白雲老師の接心会に参じて、見性を目指す北南会ができたのです。

白雲老師の後に師家となり、坐禅指導をしていた木下老師は大柄で豪快にして、会う者全て、その人格と徳に惹かれます。函館の寺の住職でもあり、宗門でも多方面にわたり活躍していました。

話は逸れますが、木下老師は霊的な能力があり、不思議な体験を数多くしています。

若い頃、九州の片田舎の住職になり、その村では日照りで雨が降らず村人が困り、木下老師に雨乞いをお願いしたそうです。老師、懸命に祈禱し、最終日、祈禱台と札を船に載せ、沖合で海に投げ入れたそうです。すると不思議なことに、投げ入れてから少し経つと、投げ入れた深海が強く光ったそうです。急いで村に戻ると、滝のような雨が何日も降ったそうです。これには老師自身も大変驚いたと、後日、我々に語っていました。

当時、会の運営は僧侶が行い、会場は道内各地の寺院が持ち回りで担当し、各地から集まった僧侶五人前後、一般人二十人くらいの規模で年に一回、毎年行われていました。

北南会は、接心を行う会ですが、この会がまた、大変な坐禅会で、単に坐して集中的に坐禅を行うことが本当の目的ではなく、まず何より見性すること、させることを目的としており、そのため指導法にかなり手荒い部分もあり、初心の者はひたすらその見性を目指します。接心と言うより、見性をさせる会と言った方が適切です。

そして、見性後は公案を進め、人格の向上、完成を目指します。

✤ 接心会

接心会では、寺に一週間、泊まり込み、集中坐禅を行います。

朝の四時から坐禅、独参、食事、掃除、提唱《ていしょう》（公案の解説）の繰り返しで、夜は夜坐《やざ》、食事は野菜中心の精進料理です。全てが本格的で、私は後に僧侶となり、修行寺である専門僧堂で、年に二回の一週間の接心も経験しましたが、遜色無いほど、厳しいものでした。何しろ足が痛い。その痛い足を引きずりながらも、独参では老師は「無字を持って来い」の一言で、答えられないと、すぐに追い返されます。進退きわまり、独参室の前で茫然と立ちつくす者もいます。

この接心会は、専門僧堂と異なり、単に、長時間まとめて坐り、坐になじむとか坐により定力を付けるとか、悟り以外の何かを求め得るということはしません。

どこまでも、見性や悟りを求め、公案で悟りを追求していきます。

特に、初心の者は、皆が見性することを目的として坐り、見性しなければ何年も、人によっては十年以上も、無字の公案と格闘することになります。それだけに、中途半端な気持ちでは、一週間は続きませんし、遊び半分の気持ちで参加しても、真剣にならざるを得ません。

そして、坐禅中だけではなく、食事中も掃除中も、睡眠中でさえ無字を離すなと言われます。そのため、坐禅中は、一時といえども無を離さないようにと、後ろに僧侶が付き、気を抜くとすぐ警策《きょうさく》（坐禅中、眠気や心の緩みなどを戒めるために、肩を打つ棒）という励ましの棒が、雨あられと降り注ぎ肩を打ちます。坐禅中打たれることで、雑念や妄念妄想をとるとか、眠気を覚ますなどという生やさしいものでなく、少しでも油断すると打たれ、接心中は数え切れないほどに打たれます。接心の後半は肩に痛みを感じ、手が上がらなくなります。人は、そこまで追い込まれても、なかなか見性しません。我々が持っている自我や執着がいかに強いか、真理を知ることがいかに難しいかということです。

そして、接心が終わると、精根尽き果てた感じになりますが、心はなぜかさわやかで、すっきりしていました。娑婆の妄念妄想が、全て洗い流された感じで、心が清浄となり活力が出ます。

初めての接心も終わり、最後の食事会で古参の僧侶が、「これに懲りて、もう来ませんか」と、私に笑顔で尋ねました。坐禅するほどに心が求めます。「この次も参加します」と、即座に答えました。

「ここで引き下がれるか」という気持ちでもいました。

✤二度の未見性《みけんしょう》

その、最初の接心会の最終日、最後の独参の順番待ちで、廊下に並んで座っていると、喚《かん》鐘《しょう》の音に自身が反応し、頭の中で何かが弾けました。

早速、老師のところへ行き、その事を話したところ、ニッコリ笑って言います。

「そうか、それは、見性で有るとも、無いとも言えないが、見性でない。ところで無字は、どうした」

「ハー、解りません」

「さらに、次の接心まで坐禅を重ねてください」と、老師に言われます。

そして、初めての接心は終わってしまいました。帰り道「そんなに簡単なはずがない」と思い、いつか必ず見性すると、強く決心しました。

それから五年ほど、坐禅会、接心に通っていましたが、「無字の公案」はさっぱり見えませんでした。

自宅でも、坐禅関係の本を読み、時間の限り坐りました。その間、後輩が自分より先に見性し、先を越されたりして、自身も、坐禅がマンネリ化するのが解ります。

長田老師から、「今回は、地元で接心を行うので、皆ぜひ参加するように」と言われ、自信なく参加しました。やはり、無字は全く見えず、見性とは、ほど遠いと感じて、接心は終了しました。

最終日、木下老師が言います。

「機が熟しても、縁が無ければ、見性はむずかしい。接心が終わり、家に戻るが、油断すること、なかれ。今回の接心で養われた禅定が、家に戻ってから何かの縁で開き、見性することもある」と言いました。

その後、散会。その夜、地元の坐禅会の道友が集まり、居酒屋で、慰安会をしました。しばらく、坐禅や老師の話題で、盛り上がりました。すると突然、一人の見性経験者の女性が、「貴方が見性しないのは、老師の言うことを信じていないからだ」と私に言います。

すると、突然、体がガクンと動かなくなり、自分の意志とは無関係に手が震え、止まりません。要するに今、考えると、その女性の言葉に触れ、「**心身脱落**《しんじんだつらく》」したのです。

横で見ていた古参の道友が、「それは、見性ではないか、是非、老師のところに行き、見性を引き出してもらった方が良い」と勧められ、次の日、朝一番の電車で函館の老師の寺に行きました。寺に行くと、老師は外出して居らず、老師の弟子の案内で老師の部屋で、しばらく待ちました。

後日、その弟子の話では、尋常でない真剣さに「これは見性したな」と感じたと、私に話してくれました。

「よく来た。すぐに独参しよう」と促され、老師に見参し一連の出来事を話しました。

「それは、見性だけど、まだ半分、もう半分足りない。君はまだ若い、ここで見性を許したら、君のためにならない。もし、君が高齢なら見性を許し、公案で気づかせる方法もあるが。それは、しない。来月、青森で接心会があるから、ぜひ来るように。それまで、家でなるべく坐るように」と言われました。夜も更け、「今日は、泊まっていきなさい」と言われ、食事を取り、風呂に案内され、用意された床につきました。次の日、朝一番の電車で、老師に挨拶して帰りました。電車の中で、何とも言えない、老師の優しさが身に浸みました。見性はしないが、すがすがしい気持ちでした。

その後、古参にこの事を話すと、「そうか、でも今がチャンス、この時を逃したら見性は、一層遠くなり難しくなる。私はそういう人を何人も見てきている。青森の接心会に行く間、空いた時間全て坐り、坐り抜かなければいけない」と言われました。私も、その覚悟で、その一カ月間は、仕事以外の全ての時間は坐禅を行い、後にも先にも一番真剣に坐ったと思います。

その間、何か特別なことも無く、ただ、黙々と坐禅して、青森の接心会に参加しました。

✤ 見性《けんしょう》する

青森の寺は、古い大きな寺院で、庭の美しい掃除の行き届いた、静かなお寺でした。意気込んで参加した接心ですが、さっぱり、無字が解りません。接心も三日目を過ぎ、中盤になりました。進退窮まる。自分には仏縁がないのかなと思いました。昼頃、坐禅の後、短い休憩時間に、「ムー、ムー」として、廊下の椅子に座っていました。

すると廊下から、坐禅指導をしてくれた長田老師が、満面の笑みで私の前を通り過ぎました。その瞬間、「苦しむこと無かれ。このままで良い。何もない。無であり、カラッポだ」と頭の中で自己が叫びました。同時に、無字の全てを理解し、本来の自己を、空も見性も全ての真理を、理解しました。その感動に、涙があふれて止まりませんでした。

今までの価値観が崩れ、一瞬にして変わりました。

「なんてこの世界は、あるがままに純粋、清浄で完璧なんだ」と思いました。

前回の、二度の未見性は、空を体験し心身脱落を体験しましたが、それが何を意味するかは、その時点では理解できませんでした。しかし、今回の見性では、その無我の自己である空が自性であり、本当の自分自身が自己であることを確信しました。同様に、自分を取り巻く外界である環境も、同じように空であり、自己と一つということも理解します。

そして、見性を後で思い起こすと、ほんの一瞬の出来事で、その一瞬で全てが理解できたことが不思議です。我々が物事を理解するとき、普通、論理を積み重ねたうえで、理解、納得するのに時間が必要ですが、それは、ちょうど爆発するように、または、のろのろ走っていた電車が、急に特急電車になるように、一瞬で自分の中で、理解される。自分に、こんな力があることにも驚きました。

独参では木下老師は、私の顔を見ただけで、「無字が解ったね」と言いました。「如何なるか。趙州の無字」、そのままこれに答えると、「そう。苦労したね」とねぎらい、幾つか短い拶所《さっしょ》と呼ばれる公案をその場で与えられ、答えました。

そして、「見性はしたけれど、これで終わりではない。見性は悟りと言い、悟りとは空のことである。見性は、悟りという月をちらっと見ただけに過ぎない」と言われました。「真に理解するということは、理解されたことが行為となり、行動となって、身に付くことということであり、身に付けば見性すら忘れ去られる。その、跡も残さず。それが、『大悟定底《たいごてってい》』である。ここからが、本当の修行である」と言い、次の公案を与えられました。

しかし、この時は、「そういうものか」という程度の認識しか持てず、その意味が解りませんでしたが、晩年、その事を思い知らされるときが来ました。

帰りしな、老師は「有り難う」と言い、深く頭を下げ、目には光るものが流れていました。「また一人、仏さんができた」とつぶやきました。

その後、自分の坐禅場所である単に戻り、坐禅しました。その坐禅の爽快なこと。外は雨が降っていました。その雨音が全く気にならず、安らかな読経のように聞こえ、こんなに安らかな気持ちは、しばらくぶりと感じました。また、同時に今までの自分が、いかに未熟かと気づきました。

接心が終わり、木下老師と函館で別れ、家に戻りました。

しばらくすると、木下老師から、書と絡子《らくす》（小袈裟《けさ》）が送られてきました。

書には「無《む》一物《いちもつ》中《ちゅう》無《む》尽蔵《じんぞう》　花あり　月あり　燭台《しょくだい》あり」と書かれていました。

書に示された無は、何もない無ではなく、煩悩や妄想が無い無である。その、無の本質が理解できたら全てはあるがままに無尽蔵に、花も月も燭台もあり、あるがままで完全無欠であり、それは自己と一体の姿が、ただそこにあるとの意味です。

それは、自我を捨て、あるがままに、この世界の真理を見よ、ということです。

私自身は、その深い意味も理解せず、脳天気にも、この後は順次、公案をすることで境涯が上がり、人格が向上すると、浅はかにも勝手に思い込んでいました。

現実は、それほど甘く、簡単なことではありませんでした。今から思うと、この時はただ、見性したと有頂天になって、勝手に舞い上がって天狗になっていたと思います。

✤悟りで何が変わる

坐禅による悟りである見性は、「本来の自己」の気づきであり、「空」の実体験を意味します。自分が生まれて、今まで積み上げてきた自我意識や自分を取り巻く環境が、実は真理ではないと気づくことで、自分の中で心に大変化が生じます。

それは、坐禅による人格の変革であり、人格の向上でもあり、人格の完成の始まりです。他から与えられることなく、自らが体験することで、自己を認識して、自分とは何かを確信し、今まで不確実で、もやもやとしていたことが明らかになる一瞬です。

私自身も、見性したその時は、過去に生じた、多くの矛盾や疑問が解決したように思いました。

しかし、坐禅による見性は、閉鎖された寺や室内という作られた一定の空間での出来事です。人によっては、一度限りの一過性な出来事として、忘れ去る人も多くいます。

それは、生じた出来事が、どこまでも観念や意識上のことであり、見性により、直ぐに現実に物事や外界の何かが変化するということではなく、どこまでも意識の変化だからです。また、「見性すると、無意識に認識が変化し、意識や行動が変化する」と言う人もいます。しかし、それは間違いで、自ら見性をしたという意識を強く持たなければ、見性して真理を認識しても、一時的な出来事にしかなりません。我々の意識は、見性してさらに、そこで何かが生じたか、何を理解したかを、直ぐさま探究しなければ、せっかくの見性体験も、少し時間が経つと直ぐに元に戻ってしまうのです。我々の心は、常に流れる雲のように、次から次へとめまぐるしく変化して、留まらないからです。

見性を目指し、見性して大喜びするのは良いのですが、きちんと見性を理解しなければ、不思議体験だけが残り、自分は皆と異なる体験をしたと、あらぬ方向へと行くことになりかねません。その理解は、自分自身がするもので、師家は導くだけであり、師家に全てを任せるということではなく、自身で正しく見性の確信と意味を理解しなくてはなりません。

また、見性しても、正しく自己を認識していないと、公案で十分な受け答えができず、再度見性を求めたりします。この場合、最初の見性にとらわれるが故に、かなり困難な道のりとなります。その状態で、公案をいくら積み重ねても、日常で全く役に立たない、理屈屋となります。

また、見性に時間が掛かり苦労や苦悩した人ほど、見性時に、悟りの認識は高まり、見性を深く理解します。そして、見性が明確であるほど、以降の公案の理解が早いと言われます。

その意味で、見性は早ければ良いというわけではなく、見性に時間が掛かる人は、その費やした時間は無駄ではなく、後に相応の成果と意味を持つので、性急に見性を急ぐ必要は全く無いのです。

そして、見性で真理の全てを理解し、求めるものが無くなるわけではなく、そこで終わりではありません。この、見性認識が明らかになって、さらに自己を明らかとして、真理を求める意識が強くなってこそ、さらなる悟りの実践へと向かうのです。

✤正眼《しょうがん》を得る

では、とりあえず見性すると、具体的には何がどう生じて、何がどう変化するのでしょう。具体的には、見性すると、直ちに悟りの眼である、正眼が開眼することになります。そのため、その瞬間全ての物が一変して光り輝いて見えたり、自分の潜在意識を自覚して、自己の本体を認識することになります。それは、自我や我見が無い、あるがままの自己を見ることです。

しかし、悟りや見性は、それがどんなに衝撃的で感動的であっても、どこまでも一時的な、観念上の認識でしかありません。

自己は、空であり、全てはあるがままで完璧であるという新たな認識が、今までの全ての固定観念を洗い流し、新しい価値観を生じさせます。そして、見性で知る正眼とは、正しくありのままを見ることで、新しい認識が得られることになります。

しかしそれは、真理は認識しますが、日常生活で体得はされていませんから、日常では解らないことや道理に合わないことが多く、生活に直接役に立つことは少なく、これでは矛盾や葛藤ばかりが生じて混乱の度合いが増すこととなり、真に真理を得たことにはなりません。
見性で思い上がって、自分は真理を得たなどと、誤解してはなりません。

また、今までは、外界を見て分別し認識していましたが、見性後は分別せずに、全てを認識する世界が在ることに気づき、真理とは何かを理解します。

例えば、道ばたで花を見ると、色と形を認識して、その存在を認めます。

そこまでは、正しく真理を見ていますが、この花を家に持って帰ろうとか、花屋で求めると価格は幾らかと思うと、花の持つ真理は失われ、思いの全てが分別、自我の認識となります。そのため、個々の認識は色々な価値観があることで千差万別となり、真理が失われます。何事も、分別、是非でとらえては、真理は見えないということです。

また、正しさも、社会規則や道徳、倫理を他人から与えられる故に、観念的にとらえ是非を決定しますが、それは間違いで、その判断は全て分別だと気づきます。

正しさとは、時代や環境の変化にも変わることが無い、自分の中に在る真理を指し、その自己は不変なものとして自分の中に存在すると知ります。それは、変わり行くままに見るという、空の世界の認識でもあります。そして、我々の心の本質、自性がまさにそれであると、カラッポで空だということになります。しかし、見性は、単に解った、理解したというだけなので、正眼もすぐに煩悩により曇り、見えなくなります。そのため、坐禅や公案等を行い、さらに道を進まなければ、自分勝手な「あるがままだから、これで良い」という悟りの罠に、はまることになります。しかし、正眼は得ましたから、その認識は、一時的でも得たことになります。そのため、もし煩悩などに振り回されても平常心が戻れば、即座に正しさも認識されます。それには、さらに坐禅を行い平常心を離さないように、道を求め進まなくてはなりません。もし、それができず、そこで立ち止まれば、理想と現実がかけ離れ、正眼も失われ、すぐに見性前に戻ります。そして、単に見性したという見性体験のみが心の奥深く記憶に残り、妙な意識が頭から離れません。また、見性したとの思いに、いつまでも取り付かれると妙な人格ができあがり、見性そのものが害となり、それもまた、悟りの罠にはまったことになります。

さらに、正眼を失わず、ありのままを見るには、平常心の継続による自己認識が、必要ということになります。その自己認識が失われると、平常心も失われ、自覚なしに正眼もすぐにかき消され、真理は見えなくなり、現実とのギャップに悩まされるということになります。

そのため、それを見比べる、**観想**《かんそう》ということも必要となります。

自己意識と、煩悩などの自我意識の比較と、それにより生じる葛藤です。

見性前は、分別という形で生じた思いや念を全て同等にして見比べましたが、見性後は自己が生じる思いを主体として、見比べることになります。しばらくはそれで良いと思いますが、いつまでもその状態を続けると、二人の自分がいることになり、二つであることでまた、新たな葛藤が生じます。

元来、自己の他に自己は無く、自己はどこまでも一つなのです。いつまでも二つにして、見比べることは、内的に自己にとらわれたことになります。自己は常に、一つでなければなりません。

自己は、常に一つであり、成りきることで、その自己の認識にもとらわれない認識を常に持つことです。それは、そこに本当の自己の存在が在ることを自覚して、二つに見ても、自己は一つとして自己を見失わないことです。

具体的には、常に主題である自己を失わず、自己を中心に観想することで、外界から得られる思いや意識を排除することです。それは、二つを認識しながら、外界からの認識にとらわれないことを意味します。見比べても、とらわれなければ、判断は必要なく、おのずから一つになってきます。

それを可能とするのが坐禅であり、自己意識の認識であり、平常心の継続なのです。

それには、自己は一つであるという自己意識を、きちんと自分の意識に認識させなければなりません。自己は真理が何かを知っていますが、自分が気づかなければ、自我と自己は一つにはならず、行動ともならないからです。ここは、とても大切なところです。

これらは、全て自己の智慧による働きですから、坐禅中や日常生活の中で突然として、気づくということになります。そしてそれが、なんの葛藤もなく行動として示されると、悟りが実行され人格が向上し、真理を得た、ということになります。

また、自己認識に目覚めることが、悟りでもありますが、ごく少数ですが悟らなくても、直感的智慧で、それを知る人も稀に存在します。人に説明できなくても、漠然とでもそれを感じ、思い念じるなら正眼を一時的に得ます。しかし、自覚しても追究はされず、それ以上発展することはありません。

せっかくの自己認識も、正眼もその場限りの妄想や空想となり、残念なことですが、人格に全く影響を与えません。

✤ 出家して僧侶となる

さて、見性後、仕事をしながら坐禅会に通い、接心に行く毎日でしたが、この道は果てしなく遠いことを知り、三十歳を過ぎていましたが、思い切って在家から出家し、僧侶になることにしました。

僧侶になれば、この道の専門職ですから、自然に、より深く学び、悟りが完成され、人格が向上し、絶対の安心が得られると思ったからです。

そして、出家することについては、父の説得が一番の難関でした。しかし、父はさしたる反対もせず、出家を容認してくれました。父の了解を得られたことから、母がしばらくは仕事を引き継ぎ、将来的には区切りの良いところで会社は解散、終了させることにしました。

そして、覚悟を決め、最初に坐禅指導してくれた長田老師に相談したところ、坐禅会を行っていた長田老師が在籍する、その寺の住職の五番目の弟子になることになりました。

当時、師である住職に会った時、住職はよく坐禅をしていましたので、道を求めていると思いましたが、全くの勘違いでした。その坐禅は道を求める坐禅ではなく、住職には病気があり、健康の為の坐禅、単なる健康法の実行であると後日、知りました。そのため、曹洞宗の僧侶がそうであるように、見性や悟りは一切必要無いとの見解で、悟りも認めていませんでした。そのため、行動も考え方も世俗にまみれ、江戸時代から続く古典的な娑婆の僧侶で、仏教とは葬儀と考えているような人物でした。

師匠の衣に、隠された本質を知るほどに落胆します。

しかし、弟子になった以上、師匠に従わなくてはなりません。住職に、「僧になるには、得度して、修行に行かなくてはならない」と言われ、盂蘭盆《うらぼん》法要の前に得度し、盆の手伝いを終えて、九月に修業道場である、僧堂に行きました。

僧になるには試験や面接はありませんが、得度して僧堂というところへ、一定期間修行に行かなければ、僧籍が取れません。

曹洞宗の僧侶は大半が、本山僧堂に行きます。住職の弟子は皆、僧堂で修業していました。勧められるままに、そこに行きます。僧堂は山深い田舎にあります。

僧侶になることは、単に頭を剃り、衣や袈裟を身に着けることだけではありません。僧侶は、自分だけの悟りの完成を求め、修行するだけではなく、衆生済度《しゅじょうさいど》という、人を安心（彼岸）へと導き、渡すという救済の使命を持ちます。そのための修行項目として、六波羅蜜《ろくはらみつ》を修行することになります。

六波羅蜜とは、**布施**、**持戒**、**忍辱《にんにく》**、**精進**、**禅定**、**智慧**のことです。

これらは、訓戒というより使命であり、僧侶はそれが十分に実行できなくても、片時も忘れてはならないと、現代では便宜上そうなっています。

✤ 僧堂での修行

さて、私は、三十代で出家し、曹洞宗の僧侶となり、修行寺である、僧堂の門を叩きました。

僧堂では、年に春と秋の二回、修行者である雲水が入門します。ほとんどは、寺の子息で宗教大学を卒業して、その年の春に入門します。

私のように秋入門は、在家得度、もしくは、怪我、病気などで、春に入門できなかった者が行きます。

その時は、七名でした。山門で問答があり、一連の入門儀式が終わり、寺の中に入ることが許されます。初めは、一週間の集中坐禅です。その後、各作法を教えられ、雲水となります。

ここから、正式に本山の僧堂の僧侶として、雲水修行が始まります。その日常は、集団生活です。一般社会とは掛け離れた修行の場で、朝早く三時半に、振鈴《しんれい》と呼ばれる鐘で起こされ、一日が始まります。鐘を打ったり、坐禅、勤行《ごんぎょう》、食事、作務《さむ》（軽作業）、夜坐と、休み無く行程が組まれ時間に追われ、忙しいものです。また、酒、タバコは当然禁止で、食事は、精進料理です。精進料理とは、野菜中心の食事、これがなんとも力の入らない食事で、偏った食事からビタミン不足となり脚気《かっけ》になる者もいます。

そして、私が何より困ったのは、睡眠時間の少なさと、体力的に続かない長時間の正座《せいざ》です。就寝時間は午後の九時ですが、今までそんな時間に寝たことはなく、床についてすぐ寝ることはできません。どうしても、初めは睡眠不足となり、眠気に襲われ意識が朦朧としてきます。各種の法要で正座も長時間になると、足はしびれたり感覚が無くなるのを通り過ぎ、猛烈な痛みに襲われます。しかし、勤行中は足を崩すことは、許されません。

また、僧堂の生活の全てに作法があり、それを覚えさせられ、強制されます。それを、「威儀即仏法《いぎそくぶっぽう》」などと言い、僧堂が決めた全ての作法や動作が、そのまま仏法であるとしています。それは、衣を着て袈裟を着ける作法から、三拝、合掌、歩き方、坐禅、洗面、食事、便所、就寝まで、こと細かに決められています。しかし、いくら戒律を守り、儀式を覚え、経本を献《ささ》げて不自然な歩き方を覚えても、仏法の本筋ではありません。

全てが一般社会と異なることにショックを受け、体力的にも、精神的にも、追い詰められ、一種の作られた極限状態に追いやられます。しかし、一切の説明はなく、ただ、スケジュールに従って、牛馬のように追い立てられます。

僧堂に来る若者のほとんどが、寺の師弟であり、資格を取るために僧堂に来ます。そのため、なんの志もなく、師匠（父親）に「僧堂へ、行け」と言われ来た者なのです。その動機も「親孝行と檀家のために来た」というのが主な動機で、別な意味で感心な若者なのかも知れません。こうして僧侶が作られ、寺は継続され、ほとんどが仏法とは無縁に、村や町で葬儀を中心に活動を行うのです。本来、葬儀と教えは別ですが、葬儀は布教という解釈になります。

また、雲水を指導する役寮も、ほとんど仏道を知りません。役寮として僧堂に行くことは、経歴に箔が付くとの感覚なので、名誉職の域を出ません。そのため、僧堂修行の場は、同じような境遇の者が集まり、価値観も同じくして、大学での先輩、後輩の顔見知りであり、どうしても宗教大学の延長と化します。しかし、恐ろしいもので三カ月もすると、その生活に慣れて、時間的にゆとりができ、周りを見回すと、単に修行が苦しいだけではなく、儀式の一つ一つが、心を求めることであったり、悟りへ導く作法であったり悟りの実行であり、仏道であることに気がつきました。

例えば、食事一つにしても、細かく作法を決め、いつもその作法に従い食するということは、同じことを毎日行うことにより、無意識に食事ができることを目指すものであり、これが坐禅であり仏道なのです。食事の際生じる、「旨いものを、沢山食べたい」等の思いは、全て妄念妄想である、と知ります。しかし、それを正しく理解する者は無く、ただ、作法を綿密にすることにのみ、価値を置き、作法の出来、不出来をひたすら問題にして、不出来の者を罵倒したり体罰を与えたり、全く意味の無いことをしています。知らないから求めない、求めないから現象のみにとらわれる、求めない者は当然そうなります。指導者である役寮、古参と呼ばれる諸先輩も、共に儀式の作法は知っていても、仏道は知らず、当然、雲水は、何も教えられません。

当時は私も、そのような認識は持てず、それを説明する者もなく、単に辛く不合理を感じるだけでした。そして、一番大事な坐禅は、さしたる指導も無く無目的に行われるため、何も生じない、何も生まれないという坐禅を義務化して強制されます。さらに、長時間坐禅を強要するので、ひたすら忍耐が求められ、足が痛いのを必死に我慢する坐禅となります。

古参が「修行とは、苦しいものだから。坐禅は我慢大会だな」と言う始末。

当然、坐禅を追究することも無く、義務のように、しかもいい加減になり、居眠り坐禅や朦朧禅、または、本当に何も無い、間違った「無事禅」となります。しかも、誰も、きちんと説明、理解させないから、雲水はそれが「只管打坐《しかんたざ》」と思ったり、坐禅とはそのようなものと勘違いして、大切な坐禅も、この程度の認識しか持てないことになります。誰もが、坐禅が何たるかを知らず、単に坐すれば、悟りのような何かが生じると、脳天気に思っている者もいる始末です。

こんな具合で、僧堂修行の場はひたすら、苦行の場と化します。

また一方で、人はそのような困難な苦境に至り、極限状態に追いやられると、誰もが心は浄化され清浄となることを、一般社会での、過去の経験から私は知っていましたが、ここで再び再確認しました。そして、それが継続されないことも知っていました、その事もまた、ここでも同様でした。

それが、何故かということは知っていましたが、多くの雲水は、その事に気がつかず、疑問を持つことも無く、通り過ぎていきます。

また、僧堂では、儀式、供養を重視します。そのため、毎日行い、朝昼晩と絶え間なく続き、その数の多さは驚くばかりです。当時は、儀式や供養を行えば、福徳や仏の加護を得られることも知らず、何も説明されないまま、単純に義務のように行っていました。今、思うと、当時その事を知っていれば、儀式、供養に対する認識も、かなり異なったものになっただろうと、少し残念な気がします。

そして、儀式は綿密を求めます。必要以上に綿密に気を取られると、動作の善し悪しのみに心が奪われ、所作の何たるかに気がつきません。そしてそこに、気づく者はいませんから、所作の善し悪しの評価だけが基準となります。気づかなければ、儀式が悟りの実行であると知ることも無く、儀式は単なる儀式にしかなりません。しかしそれを知らずして、たまに心を空しくして、三昧状態で行う者がいます。それは、素晴らしく美しくもあり、見る者に荘厳や感動さえ与えます。行っている当人は、その事にほとんど気がつきません。周りの者も、単に儀式が綿密に行われた結果としか思いません。

しかし、僧堂の過去から現代までの長い歴史の中には、修行に来た大勢の雲水の中には稀に、それが何かを理解する雲水もいたはずです。とすると、僧堂の作法、儀式、供養は誰も意味など知らなくても、行われること自体に意味があるのです。それを思うと、大変興味深いものでもあります。

残念ながら、多くは、単純に綿密に行うことに固守し、指導する側も、それを正しく理解する者は少なく、雲水は何も教えられないまま、作法や所作が一般社会のような規則と勘違いして、意味を追究することなく、僧堂の秩序を守るために在ると単純に理解して、だんだん、それに馴れ疑問を感じなくなり、規則を戒律と混同する愚か者もいます。

そして、雲水の多くは、僧堂の伝統や伝承の不合理を感じ、ただ辛く虐められた印象を持ち、僧堂から一般社会に戻ります。

しかし、そのような修行寺に十年以上も居続ける、古参と呼ばれる修行僧が何を目的としているのか、私は最後まで理解できませんでした。僧堂に長く居ることで何かが生じると、信じていたのでしょうか、それともその経歴が将来役に立つとでも、思い込んでいたのでしょうか。どちらにしても、不可解な連中であることに変わりはありません。

そして、修行僧も在籍年数が増すほど、指導される立場から、指導する立場になります。

しかし、そこがまた大いに問題となります。いくら儀式や作法に詳しくなっても、仏道のなんたるかも修行の意味さえも全く知らないからです。それは、仏道が何かを教えられず、何も知らずに、意味なく僧堂在籍年数だけを無駄に過ごしたからです。さりとて、真理を自分でつかみ取るほどの、能力も無いという現実があります。そのため古参の多くは、仏道修行を勝手に自分で作り、自分勝手な振る舞いをしたり、もしくは、単純に僧堂にいること自体が修行だと勘違いして、仏道を間違って解釈してしまいます。雲水の指導においても、根拠無く天狗となり、自分勝手な解釈で振る舞っても、注意する者もおらず、坐禅もなおざりとなり、遂には楽で良いと日々の生活に流されます。精神的な成長もないため、ほとんどの古参は、修行者とは呼べない状態となり、それを注意指導する者もいず、言いたい放題やりたい放題となり、自らもそれを自覚して、自滅状態となります。

貴重な青春時代を、無駄に過ごしているとしか思えません。

そのような古参を目の当たりに見て、さらに意味なく、修行寺に留まる者の気も知れません。

しかし、遠い昔から、修行寺は、雲水の意志とは関係なく、修行の場としてただ、そこに在り続け、真理を示し続けるのです。修行寺は、雲水の修行の深浅とは全く関係無く、何百年も存在するその事だけで、意味と価値があるようです。

仏教の真理は、人から与えられ、教えられて、どうなることでなく、自らが人生の一大事と考え、自らこの手に、つかみ取りに行かなければ、得られることは無いのです。そして、何を求めるかは本人次第、ということです。しかも、説明は一切無しです。

修行道場である僧堂は、存在することだけで十分で、一切の説明は無いし、必要も無いでしょう。

説明するほどに、分別され本質を離れます。このように、何を求め、何を会得するかは、本人の勝手です。しかし、求めなければ、何も得られません。仏教は、「求める人にだけ、与えられる」のです。

この、仏教の基本は、坐禅の専門道場である僧堂でも娑婆でも、同じだと知らされました。

僧堂は、現在は単純に儀式や供養を行い、作法や所作を中心に学ぶところとなっています。正伝《しょうでん》の仏法を指導する正師がいたのは遠い遠い昔の話で、今はどこを見回しても、そのような人物はいません。人格の向上や解脱を求め、願う自分としては、いくら儀式や供養を行い、作法や所作を学び、覚えても、あまり意味はありません。

また、悟りを追究する場でないことは、最初から解っておりましたから、早々に失礼して、修行寺である僧堂での修行は終了させ、師匠の寺に戻らせていただきました。

✤ 僧侶となって

僧侶となって、僧堂での修行も終わり、本格的に娑婆で生きた仏法修行が実践されると思いましたが、現実は全く違いました。

僧侶としての修行は、とりあえず修行寺の僧堂で終了です。

以降は、娑婆の僧侶として、月参りや法事、そして供養や葬儀を中心とした、布教活動です。

具体的には、師匠の寺で職員として、月参りや法事、そして葬儀の手伝いを行うということになります。

これらの立場の僧侶を、役僧《やくそう》と呼びます。寺は持たず、その生活は自宅から寺に通う、一種のサラリーマンです。自分は、人格の向上を目指している、人格の完成が成らない未熟者ですが、それがいきなり供養や葬儀を行い、布教活動をするとは、解せない話ですが、社会の仕組みは、そのようになっています。

その僧侶は、人々を救済する菩薩道を行じる者であり、人々を彼岸に渡す、他を救済するという役割を持ちます。

僧侶の中には、絶対安心の境涯、自己の完成後でなければ、救済は行えないと言うなら、いつまで経っても、人々は救済されず、たとえ、未熟と解っていても活動し、人々と共に在るべきだと言う人がいます。この娑婆世界に皆と共に苦しんで葛藤して、共に仏道という道を歩むことが、布教活動であるとの考えです。しかし、それは、現実を知らない理想論、机上の論理です。無知な者が、いくら集まり議論をしても、誰も救われないばかりか、道を誤ることにもなりかねません。自分が未完成な状態で他を救うことはできません。それは行うほどに、混乱を招くばかりです。

自身の安心があって、初めて人を助けられるので、安心が無くては、真の安心を説くことも、人を助けることもできません。

まずは、自分自身の人格の向上や完成、安心の境涯の獲得を目指すべきと思います。

それは、十年修行して一年布教救済するのと、逆に一年修行して十年布教活動するのでは、前者の方が格段に布教効果が大きいことからも明らかで、解脱や自己の完成が、まず先決なのです。

そう考えていましたから、以降の布教活動である供養、葬儀等にも、あまり熱は入りません。

ここから先は、個人の僧侶として、考え方、解釈、人生の目的などの違いで、僧侶の在り方も千差万別となります。当然、方向性も一人ひとり、それぞれ異なります。一般人のように、世帯を持ち金銭や高級車、伽藍や袈裟などの物質や格式にとらわれ、価値を見いだし執着する僧侶も大勢います。

現在では、僧侶も特別な者ではなく、その在り方の是非は別にしても、生活も考え方も、一般人と大差はありません。当然、煩悩にもとらわれます。そこで、葛藤が在れば良いのですが、これが、実は大きな勘違いで、多くはさしたる疑問も、葛藤もなく、呑気で平和なものです。多くの僧侶は、それが仏教だと思い、葬儀などの娑婆の雑用にあくせくして、後は惰性と妥協で職業僧侶として、一生を終わらせます。

僧侶の多くが真理を求め、仏陀の教えを守り、仏道を歩んでいるわけではありません。道を求め、さらに衆生済度を行う僧侶は、一握りの少数の僧侶であり、さらに現代では少なくなっています。

多くは世帯を持ち、日々の生活に追われ、仏法に疑問すらないというのが現実でしょう。私も葬儀が中心の仏教活動が、布教なのか、修行なのか、生活のために行っているのか、その境界が、年数を重ねるほど、葬儀を行うほど判別し難くなります。

ましてや、道を求めない者には疑問さえ生じず、葬儀が仕事で僧侶の全てだと、勘違いする者がほとんどなのも、仕方ないことなのでしょう。

また、世襲して僧侶となった若者は、親である師匠を身近に見て、それが現代の僧侶の在り方だと思うのも、無理ないかと思います。

結局、道を求め、人格の向上を願い、仏道を歩むことに、出家も在家も関係無いと知りました。

求めない者には、必要無いのです。それが、誰でもです。必要無い者に、強制することはできませんし、意味も無いでしょう。僧侶でも、菩提心がなければ、道は歩めません。自分で求めて道を歩むことです。仏陀の時代でも、維摩居士《ゆいまこじ》（在家の坐禅修行者）という、僧侶を超越した境涯に達した人もいます。経にも、「頭を剃って衣を身にまとっても沙門（出家した修行者）ではない」とあります。

僧侶となり、修行寺などの良好で立派な環境にあっても、慢心して道を求めなければ道は無く、逆に在家であれ、どのような劣悪な環境にあっても、菩提心を失わず、道を求めるなら道は現前し、そこを歩めるのです。しかし、環境は常に変化します。環境に振り回されて、自己を見失わないことです。

修行とは、そのような自分を作ることでもあるのです。

それができなければ、出家、在家でも、仏道を行じることができなくなり、仏道の意味も無くなります。当時は、その事がまだ、本当の意味で、よく理解できていませんでした。

✤自灯明《じとうみょう》、法灯明《ほうとうみょう》の教え

最初に坐禅指導してくれた長田老師は、私が修行僧堂に行っている間に病気となり、入院して、再び寺で会うこと無く、数年後に老衰で亡くなりました。

私が、信頼して慕っていた長田老師が亡くなったことは、何とも残念なことで、自分を導いてくれる者が身近にいないということは、寺にいる理由も無いと感じましたが、自分自身に全く予期せぬことが生じました。

それは、僧堂から戻り、一年半ほど経過した時、体調が悪いので、病院で検査したところ、重大な病気が発見され、即刻入院したことです。

前から体質的に弱いところがあり、年齢、過労など色々なことが原因で発病したのですが、特に僧堂で無理をしたことが原因だったようです。何とか体調も戻り、寺に戻り仕事を始めましたが、無理はできず、少しずつ身体の回復を行うという日々が続きました。

そうしている間に、禅の指導者である、木下老師も高齢で亡くなり、北南会は解散しました。さらに、仲の良かった坐禅会の道友も次々と皆、高齢で亡くなりました。

長田老師も木下老師も、自分の中で偉大な指導者であるため、どうしても新しい指導者を求めて、公案修行をする気持ちになれませんでした。これも時代なのだ、と思わざるを得ませんでした。

仏陀が亡くなる時、示した最後のお経『遺教経』では、弟子のアーナンダが、「仏陀が亡くなられたら、私たちは何をよりどころとして、生きていったら良いのでしょうか」と仏陀に問いかけました。

それに対し仏陀は、「**自灯明**《じとうみょう》、**法灯明**《ほうとうみょう》（自らを灯火として生きていきなさい、法を灯火として生きていきなさい）」と言われました。

自己を信じての、人格の向上、法（真理）をよりどころとした、実践の追究です。この言葉は仏教の最も肝心なところで、仏の真理であり、現在の私の変わらぬ信条でもあります。何回も述べたように、仏教の教えは、自己を知り、思い念じて智慧を得て、真理を行うことです。

そして、法は自己に在り、答えは全て、自分自身の中に在ります。

また、別な経には、「道を行くには、おのれと等しい人、または勝った人と行くがよい。愚かな人とならば、独りで行く方がまさっている」ともあります。古来、中国では仏教は何度も弾圧され、仏像も無く読むべき経も無い状態でも、坐禅を行い、ひたすら自己を見て、法を守り、仏道の完成、人格の完成を求めたはず。それほど、接心、公案に、こだわり固守することもないでしょう。

自分は、公案を進めることが目標ではなく、公案により、真理を明らかにして、悟りを身につけ、境涯を上げ、人格を完成し、苦しみから逃れ、安心の境地を得ることが、本当の目的であったはずです。

また、その昔は、『無門関』や『碧巌録』などの公案集も指導書も存在せず、見性、悟道《ごどう》だけであったはずです。今までのことを胸に坐禅を続け、坐禅の中から悟りの完成を求め、人格の向上を目指していこうと決めました。しかし、指導者である老師、大先輩の道友がいない中、指導を受けられないのは寂しい限りでしたが、これも時代でしょう。何時かはそうなることは予想していました。

そして、その時が来たということです。

仏道は、ある程度の境涯を得たなら、正師でも離れ、誰にも頼ることなく、一人で行くのが本当でしょう。それは、仏道は自分のことであり、人生は常に一人だからです。

道を行くものは、孤独を恐れてはなりません。人に頼るという迷いを捨て、自らが主人公とならなくてはならないからです。修行者は、人は孤独であることを自覚し、雑沓から遠ざかり一人で住み静かに修行に励みます。特に、初期の仏教修行者は、自分から静寂を求め、森林や洞窟で一人で坐し臥し歩き、修養の生活を求めました。大勢でいると、何かと騒がしく心をとられるからです。

修行者は、一人で在るところに自由があり、静寂を求め孤独を楽しむのです。

そして、得度をした師匠である住職も高齢で亡くなり、子息が後を嗣ぎ、新住職となりました。時代が大きく私の環境を変えますが、いずれも私が望んだようにはなりませんでした。

後継者の子息も前住職と同じように、坐禅や仏法には全く関心が無く、坐禅は全くせず、ひたすら伽藍の修復が仏法興隆と思い、勘違いしていました。そのため、坐禅堂は老朽化もあり、すぐに物置となり取り壊され、これを機に、坐禅会も解散しました。ここから、自分自身、自宅での「只管打坐」との悪戦苦闘がはじまります。

✤ 独りで道を行く

独りで行うためには、坐禅を工夫し、坐とは、禅とは、禅定とは何か、坐禅で何ができて、何ができないかを見極めることから始まり、初心者のように、基本から坐禅と向き合うことになりました。

そして、常に自己と向き合い、自己の心を見ることに専念しました。

ここで、日常の坐の工夫が必要なことに気づきました。今までは、老師に従い坐禅を行い、あらゆる疑問は老師に尋ねれば良かったのですが、老師が亡くなり、それはできません。これからは、独り家で坐禅をしながら、坐自体を創意工夫し、自分に合った坐の方法を探します。

そして、坐自体の工夫も、法を求めることと同様に大切なことなのです。それは、年齢、体力、日常の出来事、環境の変化に従い、心ばかりか体調も常に変化します。その変化を認識することなく坐禅を続けても、なかなかうまくはいきません。そのことを自覚して、まず自分の体調を見て、坐禅を工夫して無理なく、平常心に至る必要があります。

具体的には、坐の足の組み方や位置を変えたり、手の組み方と位置も変えてみます。また、坐禅場所を部屋の隅や中央、明るい所、暗い所と、色々変えて落ち着くところを探します。このように、日常で、坐を工夫して、自分に合った坐を得ることが大切です。次に、坐禅自体の工夫ですが、私の場合、初めは意味なく坐る只管打坐をしていましたが、どうしても集中力が途切れると、陶酔禅や無意識の禅になります。そのため、坐る時間を長くしたり、時間を短くして何回も坐るとか、色々工夫しましたが、なかなか禅定に至りません。結局、只管打座は、あきらめました。

しかし後に、この時点では、本当の只管打坐を知らない、行っていなかったと気づきました。次に、**数息観**《すうそくかん》と**随息観**《ずいそくかん》を取り混ぜ、行い、坐禅時間も長くしたり、短くしたり、その日の体調、体力、集中力、定力の具合により、坐禅法を変えます。

平常心、さらに禅定に入るときもあり、入れないときもあり、坐禅とはそのようなものと思っていました。そして、坐禅を続けても、なかなか禅定に至らない、入れない日が一カ月ほど続きました。どうしても気が散漫とします。そこで、坐禅中、下腹に力を入れてはいけないと教わりましたが、ダメ元で意識的に無理に腹に力を入れて息をすると、苦しい反面、禅定に入り、意識が丹田に落ちる感じがしました。見性時の静寂観や安心感、さらに安定感を感じました。

息を見ると、息が長くなっています。そこで、腹に力を入れず、呼吸をひたすら長くすることに意識を向けると、不思議なことに、比較的簡単に禅定に入れました。感動しました。

全ては呼吸にあり。呼吸法こそが問題であると気づきました。呼吸法の工夫こそが、坐禅であるとも言えます。

私は、現在では、坐禅の始めに、必ず数息観とともに、この呼吸法を行い、以降は呼吸を自然に行います。そして、坐禅中、雑念や、妄念妄想にとらわれ、禅定が失われたと感じた時は、この息を長くする坐禅を意識して行うようにしています。

私自身も、自分の坐禅をまだまだ改良や、工夫をする余地があると思っています。それは、年齢とともに、体力、精神力が低下し、若いときの活力あふれた坐禅が続かないからです。また、そのような坐禅を目指さなくなったことなど、年齢や環境に応じて常に変化してきました。これからも、どんどん変化し続けるだろうと思われるからです。

次に、坐そのものに対する、工夫です。まず、坐は、ただ長く坐れば良いということでもないようです。短くても、平常心が得られればよく、時間の長短はあまり問題にする必要はありません。また、禅定をことさら意識して求めても、それにとらわれ心が安定しません。

そして、雑念、妄念妄想は単純に通り過ぎさせることで、それを振り払います。しかし、問題は、坐中に生じる智慧である思いや念です。智慧は、自己や空を対象に、深く心を集中させることで生じます。それが、智慧ですが、最初はなかなか気づかかず、雑念や妄念妄想と勘違いして、つい通り過ぎさせてしまいます。そのため、坐禅中に生じた智慧を忘れないように、坐禅中でも、私は、メモを取ります。そして、智慧は、禅定という心の安定と静寂の中から、突然沸き上がるように生じます。

それを知ると、智慧と雑念や妄念妄想との区別は容易につきますし、日常生活で色々体験することで直感的におかしいと感じ取り、智慧と妄念妄想を瞬時に、判別できるようにもなります。

一人で修行する時、指導者がいないため、どうしても一人よがりになります。そのため、自己が頼りとなります。八正道、六波羅蜜と、戒、定、慧の三学の実行が成されているか、過去の自分と自己を観想して真理を求めます。しかし、過去の自分を観想しても、前記したように、自己は一つであり、二つに見て自己を失ってはなりません。

また、禅定に至る方法は、坐禅の他にも色々あり、一定の型にこだわる必要もありません。他宗が行う、念仏や滝行や火渡り、護摩焚きなども、機会があれば、試してみるのも良いと思います。

日々、坐禅を重ねると、坐禅の良し悪しを自分で判断しますが、実は坐禅は自分で良し悪しを判断しようとしても、判断できません。良くないと感じる坐禅でも、必ずしもその坐禅は無駄では無く、そのような心が動く坐禅でも行うことで、自分の意識の外で、心は安定するからです。それは、日常生活の中で認識されます。だから、日常の坐禅に意味があり必要なのです。

坐禅の良し悪しにこだわらず、日々の坐禅の積み重ねこそが、日々の平常心と禅定をもたらします。私の経験では、気が向いた時だけの坐禅や、坐禅会に行った時だけの坐禅では、あまり意味も効果も期待できません。坐禅は、短時間でも毎日、日常化して行うところに、自分の坐禅が作られ、新しい発見や発展性も生まれてきます。

しかし、義務のようになり、病気などで体力的に坐禅ができない場合は、無理に行うことはありません。日常化するとは、そのような無理を強制して、新たな苦しみを自分自身に与えることではないからです。また、坐禅の効果を自分自身で認識できなければ、坐禅を一時的に、止めることも必要です。自ら判断して行うところに、坐禅が生活の一部として、日常生活の中に取り入れられ、生活そのものとなり、日常生活に活かすことができるのです。

そういう方向に発展しなければ、坐禅は坐布の上で、坐した時だけのこととなり、ただの趣味や道楽になってしまいます。坐禅を主体とした日常を創意工夫し、自分に合った坐禅を探します。

いかに日常においても、平常心を保ち、自分らしい行動が取れるかということです。

それは、日常でも、いかなる時も常に、心が平常に保たれている、心が平坦で静まっていることです。しかし、それは難しく、心は常に動きます。そして、心が動くのは自然なことです。問題は、必要以上に、その事にとらわれ、頭からその思いや考えが何時までも離れないことで、思いを引きずり苦しみを増大させないことです。

✤ 修行のそれから

それから、しばらくの間、体調管理を行いつつ、世俗である娑婆の僧侶をしていました。

そうするうちに年月が過ぎ、病気は停滞状態に。それは、病気だけでなく、坐禅も生活も全てが停滞し、自分自身、前進しているのか、後退しているのか、対象物も比べる者も無く、ひたすら自己を信じて、坐禅していました。さらに、年数が経つほど、娑婆の僧侶として、法事や葬儀などを数を行うほどに、僧侶として無力感にさいなまれます。

僧侶の多くは、外見はそれらしくしていますが、生活のために、いやいや僧侶を行う者や、僧侶としての自覚や菩提心が全く無い者、一般人と同様の価値観しか持てず執着する者などが、ほとんどです。そのような僧侶に、気を付けていても、つい同調し、それに引きずられ、日々の生活に流されます。

多くの僧侶が、その事に全く疑問を持たないことも不思議な話ですが、そのような僧侶の在り方を、世間が容認するところにも問題があるのかも知れません。そして、寺院という組織の中で、真理を呼び、真理を行ってもその中では、誰にもどこにも響きません。自分だけが、空回りして、浮き上がるような空しさを強く感じます。求める者と求めない者の違いは明らかで、求めない者は、何の疑問も葛藤も無いようで、どこまでも話は噛み合いません。結局のところ、求めない者とは、根本的なところでどうしてもすれ違い、本当の意味での和合は無く、表面的な世間一般の関係しか持てないと知りました。

道を行く者は、常に独りで孤独であり、共に理解し合い、切磋琢磨《せっさたくま》するなどは、現実には無いことなのです。道を歩むということは、その道が自分だけの道であり、無理に人に理解されなくても良いと、割り切ることも必要です。理解を求めても挫折し疲労するだけです。人はそれぞれ、境涯も生き方も環境も、それぞれ異なるものです。いくらこちら側に、真理があっても、押しつけることはできません。

また、檀家に対しても、葬儀や供養など、画一化された儀式に、感応道交《かんのうどうこう》（仏への働きかけと受けとり）も無く、これで良いのか、正しく鎮魂されているのか、との疑問が生じます。それでも「供養されている」と、信じなくてはいけないのですが、どうしても迷いが生じます。

その日常は、どうしても葬儀、法事、供養が中心となり、日々の生活に追われることになります。

また、布教活動も、言葉には限界があり、その場限りで発展しないことを思い知らされます。いくら、言葉を労して相手を納得させても、山門を出て三歩歩けば教えは忘れ去られ、真に相手の苦しみを和らげたり、身に張り付いた執着心を取ったり、価値観を変えたりすることはできません。

こちら側の、行動や人格を相手が認めなければ、全ては時間つぶしの雑談となるからです。むしろ、自分の人格の有り様こそが問題で、そこから発する何気ない一言や行動が、相手の心に響くのだと知りました。多弁で上段に構えた話や行動には、表面的な納得しか得られないのです。すべては、自然にあるがままで良いということを知りました。

そして、若いときに感じていた、全ての煩悩を否定して遠ざける禁欲主義に徹することや、逆に楽を追いかける快楽主義が、苦を脱する道であるとの考えが、間違いであると知ります。

この世界は、基本は苦しみの世界ですが、楽もあることも事実だからです。そして、苦しみはどこまでも付いて回り、楽を追いかけると、それがまた苦しみになります。

苦を脱する道は、仏陀が示した解脱以外方法はなく、苦を否定して遠ざけたり、楽を追いかけたりする努力は、意味がありません。それより、苦楽はあるものとして認めることで、それを理解してそれにとらわれないことです。それは、ある瞬間にはそれにとらわれても、次の瞬間には、忘れ去るということです。そうでなければ、仏教は画一的な人間を作り、個性や特異性、そして、自由さえ奪うことになります。それは、仏教という金の鎖で、新たに自分自身を縛ることにもなりかねません。

また、道はどこまでも続きます。坐禅も生活の一部ですから、当然日常の延長線上に、あることになります。そして、同じことの繰り返しから、マンネリと惰性が生まれます。

それを許す自分の思いを振り払い、ひたすら自己を信じて、日常の日々の中、坐禅を行いましたが、なかなか思うようになりません。

そうするうちに、年月は過ぎ、日々の生活にも慣れ、あまり考えを巡らすことなく、葬式や法事を行う、世俗の娑婆の僧侶をする自分になりました。

歳を取るほどに、生活は平和で、「現世はこんなもんで。これも、良い」と、現状に妥協する自分があります。そのため、坐禅も生活も、現状維持を許す自分があり、漠然と自分の限界も見えたように思いました。人生の終わりに向かって、それが良いと、無理に全てを受け入れようとする自分があります。しかし、人生は、そう簡単に終わらせません。

道は、果てしなく先があります。それを思い知らされる時が来ました。

✤ 光明《こうみょう》は十方に輝き万法と一如《いちにょ》（再見性する）

年月が過ぎ、中年、初老となり、若い時には思いも付かない、色々な問題が私の身辺に一度に押し寄せてきました。つい油断すると、とらわれます。いままで勤務していた寺も諸事情で離れ、生活環境も大きく変化します。

長年、摂生して身体をいたわってきましたが、仕事による過労と老化現象が原因で、病気が再発しました。自分では、避けられないことでもあり、運命的なものを感じました。

しかも、その苦しみは今まで経験したことの無い、なんとも言えない、格別の具合の悪さです。

それは、具合が悪いと、普通は寝込むものですが、具合が悪すぎて眠れない、寝入っても浅い睡眠しかとれず、直ぐ目が覚めるという状態で、それが何日も続きます。ますます具合は悪くなり、死の影もチラチラと目の前を横切ります。そして、耐えられず病院に入院し、現代医学のおかげで何とか死だけは免れました。そして、再び小康状態に至りますが、病気は完治することなく、薬の副作用などで、具合の悪さだけは退院後も、しばらくは続きます。

しかし、いくら具合が悪くても、行うべきことは、行わなくてはなりません。

身体的に、具合が悪く、暗澹《あんたん》とした混濁の中で、近所の郵便局に手紙を出しに行った帰り、国道から角を曲がって、路地を進み、自宅が見えた時のことです。

苦しいと感じた、その時、その瞬間、何かが、変わりました。自分の中の何かが、崩れるような感覚で無くなる、そんな感じがしました。全ての思いがリセットされる思いです。

同時に、「光明《こうみょう》は十方に輝き万法と一如《いちにょ》」という思いに、家の周りの物が、石も草も全てが、光り輝いて、光を放っていました。ピカピカです。今まで、心にあった、全ての思いが一瞬で散在して、無くなりました。求めること無くして、人生最大の究極の困難な場面で、「再見性」したのです。

自己が私を真理に戻し、救済してくれたのです。涙がボロボロと出て、止まりません。

初めは、訳が解りませんでした。しばらくして、自覚しました。

この世界は、本当に「空」でカラッポで何も無いと再度、思い知らされました。しばらくは、その感激、感動が心から離れません。無意識の意識、自己の智慧が働き、真理が再度認識されたのです。

自分を救ってくれるのは、自分であり、法を頼りとして、自己を頼りとして、法や自己に帰依するべし、という意味を理解しました。

初老になって、改めて過去の見性体験や、それ以降の全ての思いや念が、洗い流された気がしました。それは、前回の見性時の思いから、全ての苦しみは、自分自身が作ると知り、そう信じてそう思い込んでいましたが、それが間違いだと知ったのです。

この世界は全て空で、カラッポであり、「苦しくない」と自分に言い聞かせ、苦を認めないのは、雑念妄念妄想を思うことと同じで、苦を脱したことにはならず、苦を思うことが苦にとらわれ振り回されていることになります。苦という妄想にとらわれたことに気づかず、さらに全てが空であるがゆえに、「苦しみは認めない」と思いながら、思いを引きずる自分が、そこにはあったのです。それが、自覚無しに内的なとらわれとなり、自分を縛り、その苦しみが蓄積されていたのです。苦しみではないと、自分勝手に確信して、思い込んでいたのです。

苦しいときは、素直に苦しいと認め、「苦しい」と叫ぶことで、この空の呪縛から逃れます。「裏をみせ　表をみせて　散るもみじ」という、越後の良寛和尚の臨終の俳句が、身に浸みます。また、一休禅師は臨終に際し、弟子に言葉を求められ、「死にとうない」と言ったそうです。

全ての執着を離れた、あるがままの自己が、そこにあります。

真に解脱をなすとは、このことなのでしょう。

悟りは求めなくても、本来の自己を信じて坐禅を行うなら、困難なときほど必ず現前して、真理を示し、おのれの間違いや勘違い、未熟さを教えます。自分自身でも気づかない、日常の生活の中で無意識に澱《おり》のように積み重なった、全ての思いや執着をさらけ出し、真理を得て自分自身を解脱へと導きます。何ものにも、こだわり執着する事なかれ、ただあるがままにあれと教えてくれるのです。

身体的にも精神的にも悩み、苦しみ、最後のどんじりに来て自己を見失い苦しむ自分の姿の中に、何もない、カラッポという「空」の真理を再認識することになりました。

そこには、自分でも信じられないほどの、静寂と安心が在り、全ての妄念妄想が吹き飛ぶ感じがしました。今まで持っていた漠然とした義務感や、死に対する恐怖心、過去の色々な思いなど、全てにとらわれること無く、頭の中を瞬時に通り過ぎ、思いが留まったり、停滞することがなくなり、全てが妄想だと認識する自分が、無駄な思考を巡らすことなく、思いは直ぐに切断され、思考が進まなくなるようになりました。死を、そして涅槃を深く認知し理解納得したのです。また、同時に病気や老いの問題も解決されました。自分でもそれは、不思議なことでしたが、それで気持ちは大変楽になり、日常で感じた閉塞感も無くなり、助かった思いもしました。

つくづく思うに、真理は、机上の論理や坐禅堂には無く、日常生活で体験してこそ知るものだということです。

初めの見性は、どこまでも坐禅堂での作られた見性です。しかし今回の見性は、自らの生活の中で生じた、実体験です。それだけに、生活に密着した多くの問題に対して、現実的な答えを与えてくれました。

また、再見性で、今まで見えなかった多くのことが、認識されました。そして、木下老師の言われた、「見性や、悟りもとらわれとなり、全ては捨て去らなければならない」といった、本当の意味が理解できました。

見性や悟りは、自覚して忘れようとして忘れ去るのではなく、記憶の彼方に置くのでもなく、その意味は、気にしない、気にならなくなるということです。

また、捨て去るとは、空で在るという思いにもとらわれない、真空を意味するのです。

苦しいときは、苦しいと認め、「苦しいです」と叫ぶことで、それ以上追究しない。

そこに、丸出しの自己があります。それが、全てのとらわれから離れた、あるがままの、自己の姿ということなのです。そこに、本当の「空」の世界が現前するのです。

✤悟りを離れて

ここにおいて、意識は、全ての存在を認識していながら、心に残らなくなります。

全てのこだわりを放棄し、無くなったことで、同時に強い慈悲心が生じました。

今までの安心は、自己が自身に言い聞かせるような不安定なものであったと、気がつきました。

そして、自分さえ涅槃に入れば良い、心が安らかであれば良い、との考えが誤りだと気づき、それを求めることも無くなり、改めて自他は一つであると気づきました。

再び、この世界の全ては空であり、あるがままで完璧であると自覚したのです。

そして、なぜかは解りませんが、何事にも、以前ほど左右に心が動かなくなりました。肝が坐ったというか、そんな感じになりました。それは、精神的にも強くなったことを、意味するようにも思われます。また、以前にも増して、こだわりも無くなり、自由で身軽な心が戻りました。

さらに、何に対しても、誰に対しても、優しく接するように、心が働くようになりました。それは、何かをするとか、思うとかいうことではなく、再認識することで、今まで抜け落ちていた部分が戻り、意識が自然に変化したからです。また同時に、智慧とは、慈悲であるとも、理解しました。

そして、公案がよく理解できるようになり、それで意識が、変化したことに気がつきました。また、より自分を冷静にみるようになり、何かにとらわれるとすぐに、とらわれている自分を自覚します。日常でも頻繁に是非や善悪、損得を考えることも無くなり、前にも増して、ありのままの現実の姿を認識します。

人格が向上したとは思えませんが、心の中の核心部分が確実に変化したと感じます。

これからしばらくして、道友が家を訪ねてきました。しばらく話すうちに、「なんか感じが変わったな」と言いました。傍目にも、そう感じさせる、変化が在ったのでしょう。そして、自分が求めてきた、行き着く先も理解しました。全てが、このままで良いと、自己が言います。ここに来て、初めて本当の安心を得たように思います。そして、静かに、私自身をさらなるステージへと招き入れます。

人は皆、最後は独りです。自分で道を歩めなければ、人格の完成など求めても、できません。混乱や停滞、挫折は、当たり前にあることです。しかし、それでも諦めず、信じて道を進むなら必ず、自己が応えてくれます。

仏道では、どこまでも信じて、自己に忠実であることです。独りでも必ず、前に歩み進んで行けると確信します。そして、本当のところは、真理は、師や他人から与えられるものではなく、どこまでも自分のこととして、自分の手で摑み取らなくては、解らないということです。自らが主人として、自己を求め自己となるのです。それは、誰に対しても、「大丈夫、そのまま、真っ直ぐ進みなさい」と言えます。

これが、悟りの追究の一つの結果とも言え、認識はありませんが、その在り方こそが、悟りを離れたことを意味し、これが、悟りを求めた一つの結論であるのかも知れません。

今になって振り返ると、何事も思い通りになっても、ならなくても苦楽は無く、心に不安が無く安心であることが幸せであり、心に何も無いのが涅槃であると、改めて知ります。

第三章　悟りについて

✤悟りとは何か

さて、仏陀は、坐禅により、明けの明星を見て、突然として悟りました。

悟りは言葉で説明できません。自らが体験して感覚的に感じ取り、自己の存在を知るのです。それは、坐禅などを行い、心を集中させることで、悟りは認識されます。

そのため、解説書や悟り体験者の文字や言葉に矛盾があっても、それは大局的には矛盾とはなりません。しかし、それが悟りを難解にし、ことさら特別な出来事にしています。

その自己認識を、流言飛語に騙されず混乱せず、自ら覚醒して、しっかりと自覚することです。

我々が、悟りを目指し、坐禅を行うとき、最初「**趙州狗子**《じょうしゅうくし》」の公案や「**隻手微妙の音声**《せきしゅびみょうおんじょう》」の公案を与えられます。これらの解説書は限りないほどあり、ネットなどでも簡単に手に入れられます。

しかし、それらの解説書は印刷物であり、そこから悟りを理解しても悟りにはなりません。そのような解説書は、悟りを目指す者には、読むだけ無駄であり、読むほどに先入観が蓄積され害となり、悟りは遠のきます。解説書は必要以上に読むこと無く、一心に坐禅に集中することです。

悟りは、頭の中で、知識や思考を巡らして理解、納得することではないのです。

仏陀が、学問的に智を極め、悟りを得たわけではなく、坐禅によって悟り、真理を得たことからも明らかです。仏教は、この悟りを過程として展開されます。

本来、我々の持つ自己は空です。その事が原因として、環境により自我意識が生じ、苦を認識します。そして、苦を滅し、苦の認識から逃れようとすれば、その本質である自己が空であると体験的に認識することが必要で、それが悟りです。

当然、悟れば自己は空であると認識すると同時に、外界の環境の全ても空であり、全てはあるがままに在るということになります。それは、悟ることで、外界の全てのものは、実態がありながら中身が無い、空であることを認識します。実は、自己と外界のものは、同じ空という性質を持ちながら、一体であり別々なものであるという、あるがままの事実をとらえることで、外界の本当の姿、実相を、自らが認識することになります。悟りが、空であるという気づきは、無我の実体験のことなのです。

そして、悟りには、大きな感動があり、我々の本質を知ることで価値観が変化し、以降の発言や行動が変わり、自己が真理を直接人格に訴えかけ自己が反映され、より真理に近い者に意識も変革されます。

覚者の全てが自己の意識に目覚め、以降は、自己意識に生きるということになれば良いのですが、理解してもそれは一部であったり、それを実行して自我を無くすことは難しく、さらに道を行くことで理解を深め、徐々に自分のものとするということになります。

また、悟りは、釈迦や道元禅師のような特別な人間が、修行や苦行のすえ、獲得するというものではありません。誰でも、坐禅によって悟りを得られます。

しかし、一部の人間やマスコミが、悟りを特殊な出来事のように言い、神秘性や不可思議なこととしてとらえることで、皆の興味を煽って、自分達の利益にしているのです。

そのような認識が、オウム真理教のように、奇跡や神秘体験に特別な意味があるとしたり、自分達は特別だのと間違った認識を得て、仏教の教えを歪め、仏教本来の目的を逸脱することになるのです。

悟りとは、そのようなことではありません。誰もが特別なことをしなくても、真剣に坐禅をして求めれば、必ず得られるものです。途中休んでも、決して諦めないことです。そして、それを成すのが、菩提心であり、求める心が大切だということです。

しかし、求め坐禅をしても、なかなか悟られないということがあります。それは単に仏縁が無いというようなことではなく、悟りにとらわれすぎていたり、老師や誰かが導いてくれると勘違いして、他人まかせで他に頼りすぎて、真剣味がたりず、本気になっていないからです。また、書籍や他人の話を聞き過ぎ、悟りを観念でとらえて、妄想して作っては、絶対に悟れません。そのため、悟りを目指す者は書籍をあまり読まず、他人の話を聞かないということも、場合によっては必要です。

そして、悟りが得られないと我々は簡単に挫折します。しかし、そこからが本当の坐禅であり、悟りに早い遅いはありませんから、どこまでも食い下がることです。自分勝手な判断で、落胆して坐をなおざりにしたり、放棄することは間違いです。これくらいのことで挫折してくじけては、何事も成すことはできないでしょう。苦労して摑んでこそ、悟りも意味があり、時間が掛かるほど理解が深いとも言われます。ここは、頑張って坐禅を進めることです。

悟りは、深浅あります。深く理解することを「**大悟**《だいご》」と呼び、浅く理解することを「**見性**《けんしょう》」と呼びますが、どちらも悟りに変わりはありません。

それを禅宗では、夜に、池に映った月を見ることに例えます。池に映った月をはっきりと見て、深く理解することを、大悟徹底と呼び、一瞬でもチラリと見えたことを、見性と言います。見性も大悟も、その境涯に深浅はありますが、同じ悟りです。

我々は、雑念という雲が出たり、妄念妄想という湖面を揺らす風が吹くと、湖面上の月の姿をはっきりと見ることができません。そのため、坐禅を行い、心を静め、雑念や妄念妄想を取り去らなければなりません。

しかし、悟ることで、全てを理解する大悟は、まず滅多にありません。多くは見性の後、日常生活の中で坐禅を中心に公案などの仏道修行を重ね、少しずつ真理を理解します。

そして、見性は、何度でも何回でも、心が静まり安定することで、体験することになります。我々は、そのつど仏教の法理を理解し、人格が変化し進歩して向上するのです。

しかしこの悟り体験も、いつまでもそれにとらわれることは無く、後に忘れ去ることになります。空の体験自体にもまた、いつまでも摑まっていると、内的にとらわれることとなり、後にそのことで苦が生じるからです。

しかし、全く忘れ、遠い忘却の彼方において、決して思い出さないことではありません。見性や悟り体験が、気にならなくなるということで、その体験に執着してそれを思い、再び追い求めるということはしないということです。

解脱は、悟り過程として、真理を求め人格の向上、完成をなすことです。

悟りは確かに強烈な体験ですが、悟って、全てがそこで完結して、終わりということはなく、むしろ、ここからが始まりとも言えます。それは、悟りが仏教の全てではなく、本来の目的でもないからです。

悟りを得たら十分と、それで全てを完結して、坐禅を完了してはなりません。

✤悟りの条件

見性を得るには、**成りきり**、**感動**、**迫力**が必要です。

この三つの条件が揃いかみ合うことで、自らが自然に気づくのが悟りです。

見性は、単に「空」を理解するということではなく、強い感動を師に訴えかける迫力がなければなりません。そうでなければ、見性体験は半減し、後の修行で多くの疑問や困惑を生ずることになります。その変化は、自らが自覚するだけではなく、容易に師家や他人に、思想や行動の変化を気づかせるものでなくてはなりません。それが、人格の向上の初段階ということになります。

仏陀は悟りを得た、その時、思わず言いました。

「奇なるかな。奇なるかな。一切衆生悉く皆如来の智慧と徳相《とくそう》を具有す。ただ妄想・執着あるを以てのゆえに証得《しょうとく》せず」と。それは、「不思議なことに。不思議なことに。全ての人は、この世界は空であると知る、如来の智慧を備えているが、全ての人は、妄念妄想、執着があるため、それから離れられず妄想して、本当の自己の存在を証することもできず、真理も体得できないのだ」ということです。悟りは、自己の本質を知る宗教体験です。

この山は登れないと、最初から諦め放棄しては、絶対に山の頂上にたどり着けないのと同じ道理です。まず、心に強く求め続ける決心が必要です。もし、悟りを得れば、価値観や人生観も大きく変化し、今までの過去の多くの疑問も、解決されます。全ての真理が現前して、この世界の真理を理解します。悟らなければ仏教は本当に理解することは、難しいことです。釈迦が悟りを得て、仏陀となり、仏教がここから始まったという歴史的事実もあります。

仏教書を読むと、本を書いた人の見性経験の有無が解ります。見性経験のない人は、仏教や教えを単なる法理や倫理、道徳や規則と解釈したり、思想として、観念遊技になっているからです。

また、書物だけの理解では、今一歩、宗教としては、何かが足りないという物足りなさを感じたりします。自分でもよく解らないことを、理解したかのように人に説くのは間違いです。読み手を混乱させます。

悟り経験が無い者が、観念で悟りを理解しようとすると理解不能になり、ついには、「そんなものは無い」と言いはり、悟りそのものを否定したりします。

それは、教えや経そのものを否定することに繋がり、仏教が思想になることを意味します。

インテリは直ぐに、理屈や道理で理解しようとします。それは、頭が良いほど、考えが巡り楽だからです。学があるほど、観念が強く働き、悟ることが難しくなります。身体と心が一つになり、火の玉となり、懸命に坐禅を行って、馬鹿になって初めて得られるものなのです。少しでも、不真面目な気持ちや、信じない心があるなら、悟りを得ることはできません。悟りは貴賤や男女の別無く、全ての人に、生まれたその時から備わっているものです。そして、悟りを得る本質が、誰にでも備わったものであるなら、悟りを得る得ないに関係無く、誰もが挑戦してみる価値があると思います。

しかし、悟りを得る方法は、この他にもう一つあるようです。それが、学問を積み重ねることで悟りを理解することです。それは、仏教は、学びや教えであると徹底して、論理を詰めることで悟りを理解します。しかしそれは理解しても、大きな感動や喜びは無く、法理を知識として知るため、大きな価値観の転換も無いし、人格に深く影響を与えることも無いようです。

そして、この方法は、本当の意味で理解されるには大変時間が掛かり、理解するだけで高齢となり、現実には自己満足で終わるということになります。また、その理解の程度も大きな感動が無いため不確実となり、悟りに対して間違った解釈をしたり、自信が持てないというあやふやな理解ともなるようです。理論的には、経や教義を学問として詰めることでも、悟りは得られることになっています。

✤ 悟りと空

インド数学では空とは中身が無くカラッポで、うつろなことを言い、ゼロを意味します。

そして、悟りは、この世界の真理を、「空《くう》」であり、無我と示します。

そのため、空は無と解釈されたり、何も考えない何もしないことと思われますが、違います。

空とは、自分という意識や、心に何のわだかまりも無い、すっきりとした境地、すなわち私欲や分別、自我や雑念、妄念妄想などの煩悩が無いことであり、全てのことに執着が無いことを意味します。しかし、心に何も無く、頭に全く何も認識、思考しないことではありません。

そこには、あるがままの自己の姿である、無我の自分が、どこにでも、いつまでもあり続けます。悟りは、自我を離れた自己の本質が、空であると体験的に知ることでもあります。

また、無には、有という対象物がありますが、空には、有にあたる対象物はありません。空は、有無という認識とは異なる認識であり、空とは対象する物が無い、心にこだわりが何もない、自我が無い無我を意味します。

我々は、母親から生まれて、外界から多くの知識を脳の発達とともに、自分の中に取り込みます。

それは、言語を覚えることから始まり、社会の習慣、風習、規則、法律など、さらに、体験を通して得られたことなどが観念、思想、哲学、そして希望、理想などが総合されて自我を作り、それが人格となります。それらは、外から与えられたもの、または、自分自身が自分に都合の良いように作りだされたものです。そして、自分が考え思うほどに、外界の在り方をとらえず理解できず、知らずに間違った認識をします。空とは、そのような知識、体験を全て破棄した在り方です。

それは、空が、頭がカラッポで何も考えない、頭が「ボー」として、虚無であったり、混濁し痴呆のようになることでも、年老いて認知症のようになることでもありません。

我々の意識には、普段、日常で感じる意識の他に、知識、体験を全て破棄した、無意識という潜在意識があります。それは、我々が前世から来世までの、長い年月を掛けて、澱のように積み重ねられ、蓄積され作られたものです。

我々は、「オギャー」と生まれた時から、誰に教わることなく、母を認識して乳を求めます。無意識の意識が働き、生きるための智慧が働きます。それが、自我のないところ、分別が働かないところに、自己がある証拠なのです。多くの人はその存在に、気がつきません。また、気がついても、その所在も解らず、その働きも理解できないため、なんの意味も感じとることができないのです。

そして、空とは、三昧を意味します。三昧とは、仕事や趣味などに夢中になり、自分自身の存在や時間を忘れ没頭することです。これも、空ですが、それは仏教の示すところの空ではなく、全く意味が異なります。三昧が、そのまま仏教が示す、空では無いということです。

仏教が求める空とは、仏や自己という対象に向けて、三昧になることであり、仏になるという意識が、潜在意識の中に無ければ、いくら三昧になっても残念ながら仏教が示す坐禅にならないのです。

仏教が示す空とは、坐禅による禅定を意味します。

仏とは、自分自身であり、自己を示します。それは、我々が、仏を信じるか、信じないか、気づくか、気づかないかに関係なく、坐禅を始めようとか、仏とは何かと興味を持った時点で、潜在意識は仏の存在を認識して理解します。

むしろ、潜在意識が我々を誘導しているとも言えます。我々が持つ自己の意識とは、そういうものなのです。だからこそ、しっかりと仏を意識して、坐禅を行うことです。

戦前は、多くの人々に仏教や仏の認識が漠然とでも理解されており、改めて仏の意識を潜在意識に与えることは、必要無かったのですが、現代ではそうもいきません。

戦後、我々の全てが、あまりにも仏教を正しく教えられず、何も知らず、仏教的に無知だからです。そこであえて、自己や仏の認識を持たせる必要があります。この仏の意識なくして、仏教は無く、仏を念じなければ禅定はありません。仏教が示す空は、単に三昧や無我となるだけではなく、仏を心に抱き、真理を得る宗教体験のことなのです。さらに、仏の認識は、悟りの実行へと発展していきます。それは、あるがままの自己を、自在に使いこなすことでもあります。

これ以外の認識は、どんなに不可思議で奇跡的な出来事も、空の認識ではありません。仏を心に念じ、認識しなければ、空は何の意味も無く、単純に無意識に我々の心に、常に在り続けるだけということになります。そして、空は仏の本体でもあります。

✤悟りと公案

公案禅を行うものにとって、二千則とも三千則とも言われる公案の、全部を終わらせることは至難を極めます。そのため、僧侶でも全部を終わらせるには、十年以上も時間をかけて公案と取り組まなくてはなりません。

私も十年以上、在家と僧侶の立場で、公案に取り組みましたが、環境の変化など色々な事情で、公案を終えることはできず、中途半端なところで途切れてしまいました。

そのことに対して、大いなる慚愧の念や、長年指導してくれた老師に対して申し訳なく思いますが、それも全ては自分の不徳の致すところであり、前世と繋がる因果を感じます。

本人の希望とは別に、無理なものはやはり無理で、できないのが道理であり、私の持つ本質なのです。

しかし、公案は終わらないから駄目ということでもないはずです。それは元来、公案自体が全てを終わらせることを目的としていないはずだからです。

また、公案の数をこなせば、人格が向上し、苦がなくなるというものでもないようです。

公案自体は、中国で修行者のために、祖師の色々な言動が記されたものを系統づけして、まとめたものです。公案が無い時代でも、仏教の教えは何百年も伝承され、現在に至っています。

江戸時代、全ての公案を終えなければ寺の住持職に就けないという徳川幕府の規定があったため、その延長として、無知な者が勝手にそう思うだけで、悟りの後の修行とは、単に教えを受けて学ぶということではなく、いかに毎日の生活の中で悟りの真理を生きるか、生かすかということです。

指導者である、師家になることを目指していなければ、公案を終わらせるか終わらせないかは、全く問題ではなく、むしろ公案の教えを現実の社会生活と融合して、道を歩むということこそが大切なはずです。それを、公案の数をこなせば良いと思ったり、公案に頼り過ぎて、現実生活で真理を求め摑むということが、おろそかであれば、教えが身に付かないということになり、公案が弊害となります。

無理に、公案を終わらせる必要は、全く無いのです。

現代においても、公案を一通り終え、師家となった僧侶の中には、首を傾げる言動で皆を惑わせる者がいるという事実もあります。人格も変革、向上もならず、悟りの実行が日常でされなければ、何のための公案かということになります。悟りもとらわれなら、以降の公案もとらわれになるのです。しかし、教えの根本に変化は無く、真理が時代により変化するわけでもありません。

見性がしっかりとしていれば、必要以上に公案にこだわる必要はないでしょう。

特に在家の場合、後は、現実の娑婆世界で苦しみながらでも、真理を摑む方が、よほどためになり身に付き、人格の向上となります。

✤悟りの実行と実践

さて、悟りを得て、理解したところで、悟りはそこが終わりではなく、そこからが本当の修行であり、真理を求める新たな道の始まりなのです。

なぜなら、悟りという宗教体験は、さらに実行、実践と、発展してこそ意味があるからです。

見性し悟りを得ても、いつまでもその境涯に留まることは、間違いであり悟りをないがしろにするものです。悟ったことで、自分は特殊な体験をして、人間性が向上したとか、特別な境涯に至ったとそこに胡座をかいて、居坐ってはなりません。

悟りを得て、一時期天狗になっても、そこに留まっては、自分は特殊で優れたものだから、他人とは違うと変な意識が身に付き、奇妙なオーラを出して、せっかくの悟りも人間性を低下させることになります。それなら悟らない方が良く、悟りも全く意味の無い、方向違いとなってしまいます。

自分はそうならないと、それを馬鹿にしても、意外とこの手の手合いは多く、悟りを得たと、むやみに吹聴したり、無意味に胸を張ったりして、簡単にそこに至るものです。それくらい、悟り体験は、人によっては衝撃的で、価値観や人格の変革をうながすということです。そこに留まることは執着であり、後に苦を生むということを理解して、そこに陥ることなく、さらに真理を求め、修行を続けなければなりません。

悟りも解脱のための一つの通過点ということを、忘れてはなりません。

悟りの実行とは、具体的には、自我を捨て、執着心を離れ、正しくありのままを生きるということであり、自己に生きることを意味します。いくら真理を理解し智慧が生じても、実行されなければ、悟りも全てが意味の無い妄想になってしまいます。実行されなければ、人格の向上、完成は無いということです。そして生じた智慧に従うことは、執着を離れるということなので、実行は難しいことでも何でもありません。

何かにとらわれ、真理である自己の存在を見失うと、自我が働き損得に動かされて、よけいな思いにとらわれ、実行は難しく困難になり、遂には何事も実行できなくなるのです。

なぜ実行できないかを知るには、自分自身をよく見なくてはなりません。真理が失われたのを知らずに、それが放置されれば、近い将来に次なる新たな苦を生じることになります。

せっかく苦労して、悟りを得て真理を会得しても、実行されなければ、何の意味も無く、そうならないように悟り以降も慢心することなく、坐禅を行い自己と対面しなくてはなりません。

悟りを得ても、さらに坐禅が必要なため、日々日常の坐禅が大切ということです。

第四章
祖師、禅師の悟り

✤ 釈迦の悟り

さて、見性後、坐禅書を読み、悟りを調べるほどに、悟りに一定の決まり切った型や場所、環境は無く、十人十色であり、色々であるようだと解りました。

釈迦をはじめ歴代の禅の高僧の悟りとは、どのようなものでしょう。

釈迦は、苦を脱することを目的として、はじめ苦行をしていましたが、この方法では真理に至れないと考え、一切の苦行を止め、独り静かに菩提樹の下で坐禅をします。

すると、釈迦は、十二月八日夜明けの明星を見て、忽然《こつぜん》として悟ります。

朝方、白々と夜が明ける頃、最後まで光り輝く金星を見て、釈迦は不意に、たちまちにして全ての真理を理解し、苦しみを離れ解脱し、人の進むべき道を明らかにしました。この瞬間より、釈迦は悟った人、目覚めた人「仏陀《ぶっだ》」と呼ばれ仏となり、仏教が始まります。では、仏陀は何を悟ったのか、どのような真理に目覚めたのか。それは、全てのものは「空」と悟ったのです。

「空」は「そら」とも読みます。真っ青な大空に雲一つ無い、快晴という心境。全ての物は、実体はなく、中身がない、カラッポであり、自我や我見が無いと知ることです。

それは、空が中身が無くカラッポという意味は、何も無いという虚無《きょむ》ではなく、雑念や妄念妄想などの煩悩や自我が無いとの意味で、心の中には自己が在ります。

これは、坐禅による静まる力（定力《じょうりき》）により、禅定に至り、電撃のように瞬間的に理解される、宗教体験なのです。

人の本質は善でも悪でもない、空であり、この根本的性質を仏教では仏と呼びます。

さて、仏陀は悟りの後、悟りを得た喜びに浸っていましたが、この法を他の人に理解させることは難しいため、自分はこのまま、坐禅にあるまま、死を迎えようと考えました。しかし、梵天《ぼんてん》、帝釈天《たいしゃくてん》が現れ、人々に説くように勧められ、仏陀は法を説くため修行仲間であった、五比丘《ごびく》に会いに行きます。

比丘達は、釈迦が苦行をやめたことで、堕落して修行を放棄したと思い込んでいましたから、それまで釈迦に近づくことがありませんでした。しかし、彼等は釈迦を見た瞬間、釈迦が今までとは違うことに気づき、大事をなした、悟りを得たと思いました。そこで、初めて、仏陀は五比丘に法を説きます。そして、説かれた法により、すぐに数人が悟りを得たと言います。それが、四諦、八正道、十二縁起です。

仏教は、この時点で生まれ、教団となり、教えは代々伝承され、現在に至っています。

✤道元禅師の悟り

『傳光録』心身脱落話より

日本曹洞宗の開祖、道元禅師は、鎌倉時代の初期に、正師を求めて中国に渡り、諸山を訪ね、ついに天童山にて正師如浄禅師に巡り合います。

そこで、道元禅師は如浄禅師の下で、坐禅修行に励みます。

坐禅堂で、いつものように坐禅が行われましたが、この日、坐禅中に坐禅の姿のまま、居眠りをする修行僧がおりました。如浄禅師は大変厳しい人で、そのような僧に、警策《きょうさく》で打つだけでなく、時として自分が履いていた草履を脱いで打つほど激しい師でした。その日、如浄禅師は、その僧の背に立ち叱責をします。

「参禅は心身脱落《しんしんだつらく》である。ひたすら眠りをむさぼって、なんの役に立つというのだ。覚醒せよ」、その如浄禅師の声を聞いた瞬間、道元は如浄禅師の「心身脱落」の一喝で大悟しました。

全ての疑念わだかまりは一瞬のうちに消え去り、想念は忘却され、自己を知り自性を認識しました。坐禅が終わり、如浄禅師が自室に戻ると、道元は、やや遅れて禅師の部屋に参上し、焼香礼拝をします。「作麼生《そもさん》、道元よ、どうして焼香するのか」如浄禅師が問います。

「心身脱落しました」と、道元禅師は答えます。

如浄禅師が「**心身脱落《しんしんだつらく》・脱落身心《だつらくしんじん》**」と言い、笑みを浮かべたとあります。

さらに、道元禅師は言います。「いや、これは、一時のこと。和尚、みだりに私を認めてはなりません」と、悟りの確信を求めます。

如浄禅師は言います。「軽々しく、印可《いんか》（悟りの証明）したわけではない」

「軽々しく、印可したのではないとすると、何か確かなところがありますか」と、道元禅師が尋ねます。如浄禅師は言います。「脱落身心」と。

心身脱落とは、身体から心が抜け落ち脱することで、心と身体が別々な働きをすることです。

我々は普段、心で意志を働かせ身体を動かしています。しかし、それが坐禅で定力が高まると、心と身体が別々な働きをして、意志が働かずガクンと心が身体から脱する思いがするのです。

それは、潜在意識である自己が、定力で自我を抑え付けることで、自己が無意識に身体をコントロールするからです。心と身体が別々に働き、二つになったと感じます。それが、心身脱落です。

しかし、悟りとは、それだけでは何も理解されていません。そこで直ちに自己の存在に気づき、自己を明らかにして認識することが大切であり、それが悟りなのです。そこで気づかなければ、それは坐禅中などに生じるただの現象です。そして、問題は、次の脱落身心です。

脱落身心とは、脱落した身と、心である自己が一つだということを言っています。これは、心と身体は別々のものであるが、中身は、同じものだと言っています。悟りは、この心と身体の二つが、共に空であり一つであると知り、さらに自性が空であると、認識することでもあるのです。

そして、悟りや見性は、そこに気がつくと、それがあまりにも妥当で明らかなので、まだ何かあると思ったりするものです。道元禅師も、悟りがあまりにも当然すぎて、如浄禅師に再度、悟りの確信を求めました。しかし、それは悟りが理解されたからそう思うので、気づかなければ生じた現象にとらわれ、悟りは永遠に理解されることは無いのです。

これにより、道元禅師は、如浄禅師に、悟りを認められ印可証明を受け、正伝の仏法を受け継ぎ、曹洞宗の坐禅を日本に伝承し、現在に至っています。

✤ 臨済禅師の悟り

『臨済録』行録《あんろく》より

臨済宗の開祖である、臨済義玄禅師は、修業時代、黄檗《おうばく》禅師の門下で一生懸命に坐禅を行い、修行していました。三年ほどして、他の僧から、「なぜそなたは、師の元に行き、如何《いか》なることれ仏法ぎりぎりの肝要なところとは何かと、問わないのか」と言われます。

早速、師のところに行き尋ねると、その言葉が終わるか終わらないかの一瞬に師は、臨済を打ち付けます。臨済には理解ができません。三度同じことを問い、三度打たれます。

ついに、黄檗の宗旨を理解することはできないと、黄檗のところを離れることにして、暇乞いを願いに挨拶に行くと、「勝手に、どこかに行くことは許さない。高安の大愚《だいぐう》禅師のところに行け。必ずやそなたのために、説いてくれるだろう」と言いました。臨済は、大愚のところに行き、今までのことを話します。

「私は、三度尋ね、三度打たれました。私にどのような落ち度があったのでしょうか」と尋ねます。大愚は言います。「黄檗は臨済に、老婆が孫を可愛がるように、親切を尽くしている。さらに、ここへ来てそれが解らず、落ち度があったか、なかったかなど、なぜ問うのだ」と。その言下に臨済は大悟しました。すると思わず、「なんだ、黄檗の仏法とはこんなことなのか」と、臨済が言うと、大愚は臨済の胸ぐらを掴み、「今まで、どこに落ち度があったのか、など泣き言を言っていたのに、黄檗の仏法などたわいもないと大口をたたく、一体何が解ったのか言ってみろ」と言うと、臨済は大禺の脇の下を三度叩きました。大禺は臨済を突き放し、「お前の師匠は、黄檗じゃ、私のあずかり知るところではない」と言い放ち、黄檗のところへ戻るように言いました。

臨済は黄檗のところに戻り、ことの次第を話し、黄檗は臨済の悟りを認めました。

禅問答は難解で、なかなか理解できないものですが、無いものをあるとは言いません、あるからこそ黄檗禅師は臨済禅師を打つことで自己の存在を教えたのですが、臨済禅師は理解できませんでした。再度、大禺禅師のところで同じことを問われ、直ちにそれを理解して悟ったのです。

さらに、大愚禅師に「一体何が解ったのか」と問われ、大愚禅師の脇を三度叩き、本来の自己を示したのです。三度とは、黄檗禅師が三度、臨済禅師を打ち付けたことに対する返答でもあります。

次は、私の一番好きな悟りの話、定上座の話です。

『臨済録』勘弁より

定上座、参禅して臨済禅師に問います。「仏法の大意はなんですか」

師は、椅子から降り、平手打ちを食らわして突き放します。

定上座、訳が解らず、その場に茫然と立ち尽くしていると、そばにいた僧が言います。

「定上座、なぜ礼拝しないのか」

そう言われて、定上坐、礼拝しようとした途端、忽念《こつねん》として大悟します。

命がけで臨済和尚に質問した、定上座の心意気と、そばにいた僧の適切な一言が光ります。

これもまた、自己の存在を打つことで教えたのですが、修行者は頭で師の行動を理解しようとすればするほど、真剣であればあるほど、その真意は解らないものなのです。しかし、坐禅の積み重ねによる平常心の継続が智慧を呼び、何かの切っ掛けがあれば必ず、自己は理解されます。

定上座のひたむきな真剣さと、そばにいた僧の一言が一つになり、悟りを得たと言えます。

✤徳山禅師の悟り

『正法眼蔵』心不可得の巻／『無門関』第二十八則　久響龍潭《きゅうきょうりゅうたん》より

徳山宣鑑は、中国が唐《から》と呼ばれていた時代の僧侶であり、仏教学者です。特に、『金剛般若経』を学問的に究め、多くの人に論じていました。当時、広がりだした禅宗に対し、論戦を挑むべきとして龍潭和尚のところを訪ねます。途中、門前近くの一軒の老婆がいる茶店に、餅でも食べようと立ち寄ります。徳山が背中の荷物を下ろすのを見て、「その、背中に背負っておられるのは、なんですか？」と老婆に尋ねられます。「これは、『金剛般若経』という経の注釈書だ」と答えると、婆は徳山に尋ねます。「それでは、一つお伺いしたいことがございます。もしこの問いに答えられれば、餅は布施をしましょう。しかし、答えられなければ、餅を売ることはできません。『金剛般若心経』には、過去不可得、現在不可得、未来不可得という言葉があるそうですが、あなたは何れの心で餅を食べようとされるのですか」と。

しかし、徳山和尚はこの問いに、全く答えることができません。当然、餅を食べられず、老婆はその場を足早に立ち去ったということです。これは、教学や法理を学び、心を知識や学問として理解することと、現実に心が何かを認識することが、全く別であることを示しています。

道元禅師も、この徳山と老婆の問答を『正法眼蔵』心不可得の巻で、取り上げています。

道元禅師は言います。「では、この問答を試みに、徳山に代わって言ってみよう。かの老婆があのように問うたならば、そこで徳山は老婆にこう言うべきある。

『しからば、汝わがために餅を売ることなかれ』と。徳山は老婆に、こう言い得たら聡明な学者であろう。そこで徳山は、返して老婆に問うのが良い。

『過去不可得、現在不可得、未来不可得、いったいこの餅のいずれをもって心を点ずればよいのだ』と。そう問われたら、老婆は徳山に向かって言うだろう。

『和尚はただ餅をもって心を点ずべからず、ことのみを知って、心が餅を点ずることを知らず。また、心が心を点ずることをも知らず』そう言ったならば、徳山も考えるだろう。

さすれば、老婆は餅を三個取り、徳山にあげて、徳山がそれを取り上げようとしたら、

『過去不可得、現在不可得、未来不可得』と言えば良い。

もし、徳山が餅を受け取ろうとしなければ、餅を握って徳山を打って言うが良い。

『この魂のぬけた屍《しかばね》めが、なにをぼんやりしているのだ』と。

そこで、徳山が何か言えばよいが、もし何も言わなければ徳山のために、さらに説くべきであるが、老婆はただ袖を払って行くばかりであった。本当に、残念なことだ」

と記述しています。


まず、過去、現在、未来の三世にわたり、心は空であるから存在しない、示されないという

のは、勘違いの解釈で間違いです。それは、時間を過去、現在、未来と区切ること自体が分別であり、思慮して我見が入り込んで真理を離れているということです。だから、正しく認識できない、不可得なのだと言っています。思慮、分別をもって心を求めても、心が何かを知ることはできないのです。

そこで、道元は言います。「過去、現在、未来どの心をもってしても、それを示すことはできないから、何を示しても答えにはならず、老婆は、徳山に餅を売ることはできない」と。

そしてさらに、徳山は老婆に、「過去、現在、未来の三世不可得なのに、婆はどの心をもって、それを示そうとするのか」と、逆に問いなさいと道元は言います。

しかれば、老婆は徳山に、こう言うでしょう。「心が三世にわたり不可得で、示すことができないことは知っているが、そこには何も無いというわけではなく、ありのままの姿がその心を示している。そのことは知らないだろう。さらに、その心は、そのまま真理を示す心であるあるということも知らないだろう。だから、何も示すことができないのだ」と言えば、徳山も心が何かを気がつくのではないかと、道元は教えたのです。これらは、いずれも心が空であり、現象が性空《しょうくう》という事実を言い、徳山にそれを示そうとしたのです。しかし、これが心だと言葉で示すと、それがまた分別となり真理を離れます。そのため、神妙なる行いをもって、それを示す必要があります。そこで、老婆は徳山に餅を三個与え、過去、現在、未来は一つであり心は空だと、生きた真理を突きつければ、徳山もその場で正覚ありと、餅を受け取るであろうとしています。

もし受けとらなければ、その場で、「まだ解らないのか」と問い詰めるべきなのですが、残念なことに、そこで老婆はそうはせず、袖をひるがえし行くだけで、禅問答がただの意味の無い一般的な会話になってしまったと嘆いています。

私が、指導を受けた木下老師は、最初に老婆に「三世、何れの心を点ず」と問われたら、老婆から直ちに餅を取り上げ、「過去不可得、現在不可得、未来不可得」と言って餅を食らえば良いと言っていました。ここまでが、徳山が龍潭和尚に会うまでの、伏線になっています。

徳山は、この時点で悟ってはいませんが、この事で十分に何かを会得したと思われます。


ここからは、**『無門関』第二十八則久《きゅう》嚮《きょう》龍《りゅう》潭《たん》本則**より。

徳山は龍潭と無事面会し、龍潭との問答を続け、すっかり夜も更けます。

龍潭和尚は言います。「夜も深け、なんじ帰ったらどうか」と。徳山、別れを告げて簾を上げて外に出ようとしたところ、外が真っ暗なので、引き返して言います。

「周りが真っ暗なもんですから」と言うと、龍潭は、提灯に火を点けて徳山に渡します。徳山が、まさに提灯を取ろうとしたその時、龍潭が灯りをフッと吹いて消してしまいます。

何も無い、一切が空であると、瞬間的に真理を悟ったのです。

ここにおいて、徳山、忽念《こつねん》として悟りを得て、思わず龍潭和尚に礼拝します。

龍潭和尚が言います。「なんじ、このなんの道理を知ったのか、説明せよ」と。「それがし、今日より天下の老和尚の言葉を疑うこと無し」と徳山は言い、悟りを得たことを龍潭和尚に告げます。次の日、龍潭和尚は教壇に上り、皆に言います。「この中に、とんでもない奴が出て来た。鋭い牙と血まみれの口を持ち、棒で殴られても動かず。そいつは、将来誰も近づけない、孤峰の山頂である、悟りの境涯をなし、我が仏道を打ち立てるであろう」

それを聞いた徳山は、自分が持って来た『金剛般若経』と注釈書を法堂の前庭に置くと、一本の炬火《こか》を持ち掲げて言います。「全ての仏教の教義を究めても、一本の髪の毛を大空に投げたようなものだ。また、世渡りの術に長けたところで、一滴のしずくを大谿谷に投ずるようなものだ」と言って、その全てを焼き払い、感謝の一礼をもって去って行きました。

これは、長年の論理の積み重ねと、先日の、老婆の三世不可得の問答が伏線となり、全ての理屈が一段落したところで、論理が離れ、フトした瞬間に悟りが得られたのです。全ての仏教体験は何事であっても、決して悟りの無駄には、ならないということです。

さて、無門和尚は、『無門関』の頌《じゅ》で、さらに厳しく徳山を戒めます。「悟ったと言っても、それはあるがままの真実を当たり前に理解したというだけであり、まだまだ悟りの実行がなされていない、さらに道を求めよ」と、悟道の大切さを説いています。

✤ 六祖慧能《えのう》禅師の悟り

六祖慧能は、それまでの坐禅を一変させた、中国禅宗の中興《ちゅうこう》の祖です。

それは、坐禅修行によらない、日常生活の中で突然に悟ることで、日常生活の中にこそ見性成仏があることを証明したのです。これは、坐禅の歴史上、革命的な出来事でもあります。

六祖慧能自身が、誰にも指導されることなく自然に見性し悟った体験から、そう考えるようになったのです。坐禅などの一切の修行をすることなく真理に至る、このような人物も稀にいるのです。

仏性が、誰にでもあること、因果、因縁を思うと、これはあり得ることで、不思議な話でも奇跡でもなんでもありません。よほど、仏教と縁があったのでしょう。一種の天才です。

しかし、慧能の出現により、坐禅と修業の意味は大きく変わりました。

『無門関』第二十三則　不思善悪《ふしぜんなく》より

慧能《えのう》は、父を早くに亡くし、市で薪を売って生計を立て、老母と一緒に貧乏な暮らしをしていました。ある日、薪を客のところに届け、その帰り道、一人の僧侶が道端で**『金剛般若波羅蜜多経《こんごうはんにゃはらみたきょう》』**を読み、「**応無所住而生其心《おうむしょじゅうにしょうごしん》**（まさに住する所なくして、しかも、その心を生ずべし）との読誦を聞いて、突然としてその意味を理解し、悟りました。

「応無所住而生其心」とは、何らかの対象に心を留めて、執着しないことですから、「全ての執着を離れたところに、仏の心が生ずるなり」ということです。

そこで、その僧侶に「あなたはどこから来て、その経を受持しているのか」と尋ねました。その僧侶は、「五祖弘忍《ぐにん》大師に相見し、大師よりいただき、大師はいつも、出家や在家に勧めて、『〝金剛般若波羅蜜多経〟を読誦しさえすれば、たちまち自らの本性に目覚め、仏と成ることができる』と言っている」と言いました。即座に、慧能は出家を思い立ち、母の面倒を見てくれる人を探し、母を預け大師のところに行きます。大師は慧能と初対面で、さっそく、「どこから来たか」と問います。

慧能は「嶺南から参りました」と答えます。

すると、大師は「なんのために来たのか」と問います。

慧能は「仏になるために参りました」と答えました。

大師は「嶺南の人には、仏性は無いから、仏にはなれないよ」と言います。

慧能は言います。「人に南北のありとも、仏性に南北は無し」

大師は、初見で慧能がただ者でないと見抜き、試したのです。人に仏性の無い人は、おりません。

この時点で、大師は慧能がすでに悟りを得ていることに、気づきました。しかし、新参者で学も無く、文字も読めない、地方出身の小柄で、風采の上がらない田舎者である、年の若い慧能に、あえて親しくし、特別扱いすることはしませんでした。

そこで、大師は「そんな生意気なことを言わんで、米搗《つ》き部屋で、米でも搗いておれ」と言い放ちます。慧能は、大師より、寺の雑用係、臼を引いて米を搗く仕事を任されました。

それは、弟子が七百人もおり、もし彼が悟りを得ているということが他の弟子に知れると、命を狙われかねないとの、大師の配慮からです。当時、悟りは得ていないが、修行者の先頭にいた、神秀《じんしゅう》上座が法を受け嗣ぐと、皆は思っていました。神秀上座は、背が高く風采も良く学問に通じ男盛りで、皆からも慕われ、師も一目置く存在でした。

そこである日、大師はすべての弟子を集め、「自己の本心を摑んで、一遍の偈《げ》を作り提出せよ。さらに、優れたものには、祖師伝来の袈裟を授け、六代目としよう」と言いました。

神秀上座は偈を作りましたが、どうしても偈を師に提出する自信が無く、思わず偈を廊下の壁に書き付けました。もし大師が見て、良い、と言われたら名のりでようと考えたのです。

「身は悟りの樹、心は澄んだ鏡の台。いつもきれいに磨きあげ、塵や埃をつかせまい」

弟子一同は皆その偈を見て、「すばらしい」と言いました。

しかし、大師はそれを見て、「この偈により、修行すれば、地獄などの悪所に落ちることは無いだろう」と言い、その場を離れました。後に大師は、これは神秀上座の偈と理解し、神秀を部屋に呼び入れ、その意を確かめました。

「これでは仏門の前に至っただけで、まだ門の中に入ってはいない、早く自己の本性に目覚めて、無上の悟りの本体を見よ。ここは今一度、引き下がり、もう一つ偈を作り、提出しなさい。それが、教えにかない、自己の本性を見届けたものなら、君に伝法《でんぽう》の印《しるし》である袈裟を譲り、法を授けよう。私は、法を惜しんでいるのではない。君の考えが遅鈍《ちどん》なのだ」と言いました。

しかし、数日しても、偈は一向にまとまりません。偈が廊下に書き出されてから数日後、このことが寺内で評判となり、寺にいた童子が、米搗き部屋に来て慧能のところで、例の偈を唱え出しました。

慧能はそれを聞いて、この偈がまだ悟りを得てないことに、気がつきました。さらに、慧能は童子から、この偈が作られた顛末を聞き、その偈が書かれた廊下に連れて行ってもらいました。

当時、慧能は文字を知らなかったので、居合わせた先輩の僧に神秀の偈を読んでもらい、その隣に慧能が作った偈を書くように頼みました。

「悟りには、もともと樹はない、澄んだ鏡もまた台ではない。本来、からりとして何もないのだ、どこに塵や埃があろうか」

それを見て、多くの僧はびっくりし、その境涯に感嘆しましたが、大師は、その事で慧能が、危害を加えられることを恐れ、「この偈も、まだ自己の本性を見ていない」と、皆をごまかします。

皆は、大師の言葉で、これでもまだ不完全であるのかと思い、引き揚げました。

大師は深夜、密かに慧能のところに訪ねます。

「米は搗けたか」と、大師は慧能に尋ねます。

「疾《と》うに搗けておりますが、まだふるいにかけておりません」と慧能が答えると、大師は臼を三度叩きました。慧能はそれに応えて、ふるいにかけた米を三度ひきだしました。


米を悟りに例え、悟りはどうしたと尋ね、認可されてないと答えたのです。

そして、臼を三度叩くというのは、中国の古い時間の単位の三更《さんこう》（子の刻）を意味します。三更とは、現在の二十三時から一時までの間を意味しますから、この時間に部屋に来いということで、慧能は、それに応えて三度米をひきだします。


大師は、密かに慧能を部屋に呼び入れた後、悟りを得ていることを再び確認すると、頓悟《とんご》の教えと、達磨以来、歴代引き継がれてきた袈裟と鉄鉢《てつばつ》を授け、「おまえを、六祖とする」と告げました。ここで法は慧能に伝わり、以心伝心されました。そして、慧能は大師に送られ、南方に向かいます。その時、大師は自分が余命一年であること、今後、五年間は説法すると法難が起こることを告げ、その間は隠れているように言いました。以後、寺では、大師が、皆の前で説法をすることが無くなり、弟子一同は、慧能に法が受け嗣がれたことを知りました。

そこで、何百人の弟子が袈裟と鉄鉢を取り返そうと、後を追いかけましたが、大半は追跡を諦め、寺に戻りました。

以降、六祖慧能の時代、中国では神秀が指導する北宗と、慧能が指導する南宗に分かれます。

六祖慧能が示した、頓教《とんきょう》の教えは、それまでの禅宗を一変させるものです。

それは、悟りは必ずしも坐禅によらない、正式な修業をしなくても、日常生活の中で悟りを得ることが可能であり、普段の生活の中にこそ真理があると示したのです。

✤ 悟りの革新と実践

六祖慧能により示された、悟りの境地、成仏というものが必ずしも特定の修行や坐禅を必要としないということは、禅宗のその後の在り方に、大きな影響を与えました。

これは、それまでの悟りとは、経による学びや坐禅修行によってのみ得られるという解釈でしたが、それらの考えを全て払拭するものでした。それは、僧堂内における作務《さむ》を中心とした、食事、掃除、洗濯、畑仕事などの行住坐臥《ぎょうじゅうざが》の生活の一切が見性成仏の道であり、悟りの完成への仏行であるとしたのです。六祖慧能は、弟子に言います。

「自己の本性は、本来清浄なもの、空である。ただその清浄な心をもって、本来無一物と悟って成仏する。そこに禅がある」と教えます。

これにより禅は、大きく変化します。日常の行動、特に労働である作務が、大きな意味を持ち、そのような日常が見性成仏となる修行であるとしたのです。これは、悟りの実践とも言えます。

以降、禅宗の作務がそのまま仏行とされ、特に修行寺である僧堂では、作務が単なる労働ではなく、大切な行とされました。

このことから、後の時代において、僧堂では毎日の食物の供給は、修行僧自身が農作業などを行い、半分自給自足の生活をするようになりました。そして、インド仏教では禁じられた労働が、中国仏教では、単なる生活の手段ではなく、仏道修行であり、日常生活がそのまま見性成仏の道であり、仏法そのものであるとしたのです。

そんな禅宗の歴史の中にあって、「**百丈清規**《ひゃくじょうしんぎ》」という修道生活の規則を作り、禅が中国に普及する基礎を築いた百丈懐海《ひゃくじょうえかい》禅師は、特に率先して労働を行い、高齢となった晩年も変わらず、皆と同じように、共に畑仕事に励みました。他の修行僧が、「高齢であり、畑仕事などは止めて、休息をして下さい」とお願いしても、一向に止めません。ついに見かねて、百丈の使用していた農機具を隠したため、百丈は畑仕事ができなくなりました。百丈和尚は言います。

「一日はたらかざれば、一日食らわず」と、その日は食事を取りませんでした。

それは、百丈禅師にとっては、畑仕事をしないことは日々の修行を怠《おこた》ることになり、皆と同じように食事を受ける資格はないと、食事を拒否したのです。

仏教は、中国に伝来するとき、初めに種々の経典が伝えられ、経典は漢文に置き換えられました。

そのため、仏教が伝承されるということは、坐禅を始めとする修行や、経を読み学問的に学ぶことであるとしていましたが、よく考えるとおかしな話で、仏陀は誰かの教えや学びで悟りを得たわけではなく、坐禅と日常生活より悟りに至ったことからも、必ずしも教えや学びを必要としないということになります。さらに、解釈は発展し、坐禅に頼らなくても悟りはあるということを六祖慧能が証明して以降、百丈禅師の時代は、むしろこちらが正当であるとしたのです。このことは、仏教がインドから中国に渡り、中国では道教や儒教の影響を受け革新され、日本においても中国から伝来され、革新され、時代に合わせ変化したことを意味します。

一方の、五祖弘忍の弟子であった神秀上座は、そのような悟りを認めませんでした。どこまでも経の教えや戒律を守り、坐禅を行い論理的に学問として学ぶことで、悟りを得る方法を求めます。

しかし、この方法では、大変な時間が必要とされます。そのため、最悪の場合、全てを学び終わっても、実践されずに、学びだけで人生が終わります。実行されなければ、意味もなく単なる自己満足になります。この時代、六祖慧能が指導する坐禅を**頓教**《とんきょう》と呼び、南禅と言われ、神秀上座が指導する坐禅を斬教《ぜんきょう》と呼び、北禅と言われていました。この後、北禅は権力に近づいたこともあり、時代の変化とともに跡形もなくなり、以後南禅が栄え、禅宗の主流となります。

禅宗は一時期、中国では隆盛を極め、南禅が日本に伝承されました。しかし現在では、度重なる弾圧を受け、昔の勢いはありません。

さて、現代日本では、労働は尊い行為であるとされています。そして、労働に貴賤の差などありません。この考え方は、この仏教の日常生活が、そのまま見性成仏の場であるというところから来ています。

仏教以外の宗教では、労働は罰であり、義務であるとして、労働から逃れることが人は自然であり、本来のあるべき姿であるとしています。では、我々は罪の贖いや、生きるだけのために、食べて義務として労働を行っているのでしょうか。

もし、我々の人生に、生きる目的や意味があるとしたら、人生をより深め意義のあるものとしたいと考えるのは、間違いでしょうか。労働は、何のために、誰のために行うのかよく考えなくてはなりません。そこに、日本社会での仏教徒としての基本があります。

我々の求める社会は、単に利益を求め、競争して勝ち残った特定の個人や企業だけのためにあるのではないということや、自分さえ良ければ全てそれで良いのかということも、よく考えなくてはなりません。そのような利己的な考えは、仏教の基本である、「皆が、共に彼岸に至る」ということから考えると、明らかに間違いなのです。

✤ 眼前の悟り

『正法眼蔵』谿声山色《けいせいさんしき》の巻　香厳撃竹大悟《きょうげんげきちくだいご》より

香厳禅師は、以前に大潙《だいい》禅師に学んだ頃、大潙禅師から質問されます。
「汝は聡明博学であるが、経典や注釈に書いてないもので、『父母未生以前自己如何《ふぼみしょういぜんじこいかん》』とは何か、私に一句言いなさい」と。父母未生以前の自己とは、父母から生まれる前の自己を言います。その自己とは、どのようであるか示しなさい、というものです。

香厳禅師は、その言葉を求め、答えようとしましたが、どうしてもその一言がでません。香厳は窮まり、言葉に反し、蓄えた経典や書物を見て一生懸命に探しましたが、得られず、ついに、集めた本を焼き捨てました。「絵に描いた餅では、腹はふくれない。私は、この人生では、悟りや仏法を会得することはあきらめよう。行粥飯僧《ぎょうしゅくはんそう》となろう」と決心します。

行粥飯僧とは、他の修行僧のために、下積みの飯炊きをして、奉仕することです。

香厳禅師は、悟りを求め、徳行を積み上げるため、自ら修行僧を供養する、台所の仕事を望んだのです。そして、数年経ち、大潙禅師に嘆願します。

「私は、心身共に混濁し、今でも何も言うことができません。私のために何か助言を願います」

しかし、大潙禅師は、「私は、教えることを惜しむものではない。しかし、それを言えば必ず後に、そのことで私を恨むことになる」と言うばかりでした。

さらに数年後、香厳禅師は大潙禅師の下を離れ、大証国師の遺跡を訪ね、湖北省の山奥に庵を結び住み、竹を植えます。

ある日のこと、一心に路を掃いていると、一つの石が飛び、竹に当たりました。「カーン」と鳴ると同時に、心が音と一体となり、全ての迷いが消え去り真理を理解しました。悟ったのです。そこで、沐浴し身を清め、南方遠くの大潙禅師に向かって礼拝します。

「大潙大和尚、かつてあなたが私のために、何か説かれたならば、どうしてこのことがあり得ましょう。和尚の恩の深きこと、父母よりもすぐれております」と、感謝したのです。

そして後日、一偈を大潙禅師に差し出し、禅師は悟りを認めました。

道元禅師は、これらの自然の働きについて、『正法眼蔵』谿声山色《けいせいさんしき》の巻で、「峰の色　渓《たに》のひびきも　皆ながら　わが釈迦牟尼仏の　声とすがたと」と詠まれています。

これは、「谷からの響きは仏の説法であり、山の姿は清浄な仏身そのものである」と、古人の漢詩を思い浮かべ、述べています。悟りは、寺や坐禅堂や特別な聖なる場所や建物にあるのではなく、我々が日常で感じる自然が示す、谿声山色の中にこそあるのです。しかし、人はその事になかなか気づかないのです。人が気づかなくても、谿声山色は、悟りの真理を示し続ける、としています。

それは、悟りが、谷や山などの身近なところに在るがゆえに、清浄であり、谿声山色こそが、仏の身体そのものであると、言っているのです。悟りは、何か特別、特殊なところに在ると、勘違いしてはなりません。外界の真理と自己が一体となるとき、どこにおいても、何に対しても真理は認識されます。しかし、私という自我がある限り、悟りは、どこにあっても、いつまでも認識されることはありません。

心を静め、整えるのは坐禅や坐禅堂ですが、悟りは坐禅や坐禅堂のみで生じる出来事ではなく、日常においても心が静まれば、どこでも悟りは生じることを教えています。悟りは、日常生活の中にこそあると言えます。しかし、そこに気がついた自然見性者の多くは、適切な指導者に付かず、一時の気の迷いとして、終わらせてしまいます。

ある人が、自然見性して、禅寺の和尚のところを訪ねました。

和尚は「自分には解らん」と言って、『金剛般若経』をその人に、黙って渡したそうです。

現代に、それだけの親切心を持った僧侶が、どれだけいるでしょうか。

✤ 白隠《はくいん》禅師の悟り

白隠禅師は、一六八五年、江戸時代中期に生まれた臨済宗の名僧です。臨済宗の中興の祖と呼ばれ、多くの公案を体系付け、現在の公案修行の基礎を作ったと言われ、自らも隻手音声という公案を作り、多くの人を見性や悟りに導きました。

禅師十五歳の時、駿河、原の松蔭寺《しょういんじ》で得度して、主に松蔭寺を中心にして活躍しました。

二十四歳の春、越後の英巌寺で、性徹《しょうてつ》和尚のもとで坐禅修行をしていると、「ボーン」と響いてくる鐘の音に、自己と音が一つになるのを体感して自ら見性を自覚します。

「天下でこのような大きな悟りを得たものはあるまい」と、師匠や同僚に告げましたが、誰も相手にしてくれません。それで、おまえ達は誰も悟りが解っていないと、天狗になってしまい、それで全てが完成したと勝手に思い込んでしまいました。しかしここで正受《しょうじゅ》老人の弟子の宗《そう》覚《がく》に会い、信州の正受老人に会い教えを受けることを勧められ、連れられ、正受老人に面会します。

さっそく、正受老人など、何するものぞと意気込んで、自分の考えを偈文にして差しだします。

老人は、それをいちべつすると偈文を握りしめ、「これは学得底《がくとくてい》だ、見得底《けんとくてい》はどこか」と問います。

次に、「趙州の無字をどう見るか」と、白隠に問います。白隠は答えます。「無字は無ですから、どこに手足がつけられましょうか」と言うと、老人は突然、白隠の鼻をねじって痛がる白隠に言います。「このとおり立派に手を付けられるではないか」

白隠が困惑していると老人は笑いながら、「この、穴蔵禅坊主め」と、一方的に罵倒します。老人は、そこで「南泉遷化《なんせんせんげ》」という公案を白隠に与え、再見性を促します。一度見性を経験したものが、さらに再見性を目指すことは大変難しいことです。そのため、修行はどうしても熾烈を極め、尋常なことでは再見性はできません。白隠も老人に罵倒され、ののしられ、精神的にも肉体的にも極限まで徹底的に追い込まれます。

そうするうちに、白隠は飯山市内に托鉢に出かけます。一軒の家の前に立ち托鉢をすると、婆が中から出て来て、「おことわり、さっさと立ち去れ」と言うと、ほうきの柄で頭を打ちます。白隠は、托鉢中も公案に没頭し、公案に成りきり、何も聞こえません。そのような状態で、いきなり打たれた白隠は、その場で気絶し卒倒してしまいました。近くの人がそれを見て驚き、あわてて駆け寄り介抱すると、しばらくして意識を回復します。

白隠は、目を覚まし意識が戻ると、改めて空を体感し、再見性したことを認識します。同時に、公案や他の問題が一遍に理解され、喜んで老人のところに報告に戻ります。正受老人はその姿を見ると、「なんじ、徹せり」と言い、白隠の悟りを認めたということです。

その後、正受老人は、修行はそれで終わりではなく、悟後の修行とは何か、悟後の修行に努めること、悟りの実行を教え、真の仏道とは何かを説き導いたとされています。

白隠は、正受老人のもとを離れ、以後も悟後の修行のため諸国を訪ねます。

しかし、長年の修行の疲れと、理想論理と現実社会での実践の落差に悩み、遂には病気になってしまいます。たまたま、京都の山奥に住む白幽《はくゆう》老人から養生と、身体と精神の不調和から来る病を治す術を教えられ、病気を克服します。それが、有名な「**夜船閑話**《やせんかんな》」にある、**内観**《ないかん》**法**《ほう》と**軟酥**《なんそ》**の法**です。

さらに諸国で修行中、父が病となり松蔭寺が荒れ果てたことを知り、故郷に戻り、悟後の修行を続けます。白隠禅師四十二歳の時、**『法華経』**を読み譬喩品《ひゆぼん》に至り、悟後の修業が何かを理解したと言います。「覚得し、目覚め思わず声を放って号泣し、正受老人平生の受用を徹見した」とあります。

悟りを得て幾ばくかの解脱を得たなら、それを日常生活の中でも、智慧を求め方便を使い、実践しなければなりません。それは、悟りと日常の生活との融合ということです。また、悟後の修行とは菩提心のことでもあります。菩提心とは、前記したように悟りを求めることですが、ここではさらに全ての生類を苦しみから救うという誓願と実行を意味します。

正受老人が言うところの悟後の修行とは、普段の生活の中に、いかにして悟りの境地を実践して、多くを救済するかということであり、菩薩は四弘誓願に生きるということです。そこに目覚め、改めて『法華経』に書かれた仏陀の教えの有り難さや、自分の至らなさに号泣したのです。

全ての者を極楽浄土に導くとされる阿弥陀如来は、右手をかざし、左手を下に向けて差し出している姿で表現されます。これは、上求菩提《じょうくぼだい》、下化衆生《げけしゅじょう》を表現しています。上に向かっては、どこまでも悟りを求め、さらには下に向かっては衆生の救済を行う、ということを身をもって実践したのが、白隠の坐禅であり悟りなのです。

そのため武士などの知識階級だけではなく、農民や商人、婦人などにも解りやすい平素の言葉で仏教を教え、日常の実行と行動の大切さを説き、生きた仏教を実践しました。

残した書画や著作も多く、多くの人々と接し、沢山のエピソードが残されています。また、弟子の育成、指導にも力を尽くし、教えを受けた人の数は知れず、多くの弟子を養成しています。

しかし、一方で一切の名誉は望まず、田舎の孫寺にいて教化を行い、一生を黒衣の僧侶として終わらせています。その行状は、深く日本の郷土や風土に同化し、人間味にあふれ、限りない優しさを感じるものです。

第五章　悟りの理解と誤解

✤仏教の変容と時代

さて、仏教、禅宗が昔から経も教えも変わらず、同じことを言い、中心となる経に全く変化が無いかと言うと、そうではありません。経も教えも、基本は変わりませんが、その布教手段も修行法も取り上げられる経も、時代とともに変化しています。

インドでは、そこで生まれた仏教は、現在はそこには無く、釈迦は、ヒンズー教の導師の一人ということになっており、その教えは全く伝承されていません。

また、それが伝わった中国では、仏教、特に禅宗は過去に大発展しましたが、以降何度も弾圧を受け、近年でも文化大革命時には、寺や仏像が破壊され、僧は無理に還俗させられ、信者は仏教を捨て、無宗教者になることを強制させられるなど、仏教は壊滅的打撃を受けました。

現在は、仏教は細々と残ってはいますが、中国は道教や儒教が中心です。しかし、近年は、中国では仏教徒は増加の傾向にあると言います。

仏教も、時の権力者や社会情勢と無関係ではなく、そのつど変遷、遍歴をするということです。禅宗もそうして発展してきました。

中国で編修された『**景徳傳燈録**《けいとくでんとうろく》』によれば、釈迦から数えて二十代目の禅の伝承者、**菩提**《ぼだい》**達磨**《だるま》**和尚**が、経典に頼らない真の仏教を伝えに、五世紀後半にインドからはるばる中国に渡り、洛陽《らくよう》郊外の**嵩山少林寺**《すうざんしょうりんじ》にて、**正伝**《しょうでん》**の禅**を伝えたとされています。

仏教は、当初各種の経典が翻訳され中国に伝わることで、学問や論理となり、さらに道徳や理法と思われていたことに対し、仏教は、学びではなく行であり、坐禅による見性成仏こそが正伝の仏教だと、菩提達磨は教えたのです。それは仏教が思想や学問ではなく、坐禅による悟りの体得こそが、普遍の真理を示し、真の仏教の教えであり、解脱や安心に至る道なのだと伝承したのです。

日本でも、同じような過程で、道元禅師により、中国から禅が伝わりました。

現在、経の数は、大正から昭和にかけて出版された『**大正新脩大蔵経**《たいしょうしんしゅうだいぞうきょう》』には、三千五十三部が納められていますが、正確な数は不明です。数が多いと、部分的に見れば同じことを肯定したり、否定したりするため、訳が解らないことになります。それは、環境や時代の変化により、我々が感じる苦しみも千差万別に変化するし、時の権力者や社会の在り方にも大きく関係しているからです。

現在そのため、時代、時代に適応した経が、取り上げられ読まれ大切にされ、反対に時代に合わない経は、見捨てられるということになります。

仏教は、**三宝**《さんぽう》と言われる**仏、法、僧**の三つから成り立っていると言われます。現代では、仏は仏陀（仏像）、法は経典、僧は出家集団ということになりますが、元来の意味は、仏とは空を、法は真理を、僧は法の実行者を意味します。仏教は、常に本質は変わらずに、取り上げる経典も、経の解釈も、時代とともに変化してきました。

そして、空が示す真理が法理であり、それが仏陀が直接示したのと同じ真理であるとの解釈から、仏陀の入滅以降も、新たな経が作られました。それはこれからも、新たな解釈による経が作られる可能性もあるということになります。それを知ると、仏教が持つ経の数にあまりとらわれることもありません。問題は、それを生み出す自己の念や思いが真理であり、実行されるべき事柄であるということになります。この自己の存在を無くして、全ての真理は無いということです。

自己の存在が明確でなければ、法も経典も明確にはならないということにもなります。

臨済宗の開祖である臨済禅師は、「法は、心であり、経は、世間の病気を治す薬の能書きのようなものだ」と言っています。それは、基本は、どこまでも我々の心であり、進むべき道は、悟りによる自己認識、悟りの実行であるということです。

そして、中国では、百丈和尚以降、畑仕事などの労働が仏道修行となり、日常生活がそのまま見性成仏の道であるばかりか、悟りの実行を意味することにもなりました。

しかし、この考えは、さらに時代が進むことで、何事も修行であり、日常においては、何事でも一生懸命、三昧になって行うということが道であると、間違った解釈をする人もおります。そのため、会社や企業に執着して、盲従したり定年後も何時までもしがみつき、仕事を生きがいと勘違いすることになります。もし、それが、道だとするなら、心は常に空にして、あるがままでなければなりません。何事にも執着せず、あるがままに在るというのが道です。執着して自己を失い、自分らしさや正しさという真理をも失っては、どこまでも一人よがりの自己満足にしかなりません。

道は、ただ闇雲に行えば良いということにもならないし、何事にも努力するのは、当然のことでもあり、それ以上に大切なものがあることを忘れてはなりません。

仕事自体が道と思い、仕事に人生の目的や人格を求めるのではなく、仕事は過程や手段であることを理解して、全ての執着を捨て、あるがままを正しく生きるところに、悟りの実行があると知らなくては、道を行くことになりません。

✤悟りが無くても

悟りとは、この世界の真理を知ることですが、苦を脱するには必ずしも悟りを求めず、悟りに頼らない方法もあります。それは、悟りを求めず単純に坐禅を進め坐禅を実行することです。求めずして仏を知ることで苦を脱するという方法であり、只管打坐と言います。

この方法は、時間も掛かり困難を極めますが、決して不可能ではありません。この場合、自己を仏と信じて、仏道を歩むということになりますから、自らが仏であるという強い信心が必要です。具体的には前記したように、「我、仏なり。私は仏」と信じて坐禅を行い、八正道や戒を実践するということです。それは、たとえ、悟りを求めず、悟りが無くても、強い菩提心を持って坐を進め、教えを護持することで、悟りの実行が成されることを意味します。

仏道は悟ることだけが目的ではなく、道を歩むことで解脱を成すことが目的です。悟りは、その過程の一場面の出来事に過ぎません。悟りを求めずとも、どこまでも坐禅を行い、道を歩むなら、必ず仏の存在に気づき、目的は達せられるはずです。

しかし、初めから悟りや見性が必要無いと、一概に否定や無視をせず、縁があれば挑戦することも必要です。その方が、早く真理を摑みやすいという事実もあるからです。

そして、智慧は、見性者や悟りを得た者のみに生ずる、特殊な現象ではありません。悟りや見性が無くても、坐禅をして、腹式呼吸を行い、意識を仏に向け念じることで禅定が得られます。その禅定により、誰もが智慧を得ます。

それは、悟りを求めることの是非に関係無く生じるため、実はそこに坐禅を行う意味があります。坐禅を行い禅定から智慧を得て、真理を見るのです。

例えば、我々が、静かな夜、心が静まり、ふと自分の過去の行いを省みて、色々な出来事に頭が巡り、胸が張り裂けるような思いにとらわれます。それは、心が定まったことで、無自覚に仏が念ぜられ、禅定で智慧が働き、思いや念が生じたのです。感受性の強い人は、ただごとでないと感じたり、その思いに悩まされます。

禅宗は、その思いや念を坐禅を行うことで、禅定により、引き出すのです。

ただ、見性しない者は、その思いが生じても、仏が発するものとは思いません。ただの気の迷いぐらいにしか、思われないからです。また、その思いや念が大切と感じても、悟りを得ていない者は、世間の間違った常識や自身の思い込みにとらわれ、「そうでなくてはいけない」と、つい利害や道理を考え、是非を判断し、結果に固守するため、正思や正念もその時点で直ぐに分別となります。妄念妄想が生じ、行動とならない念や思いが、生じたということで終わってしまうのです。

また、時として、その思いや念は、外界の現象と心が触れた時、唐突に思わず仏性となり生じます。

その思いを大切に思う日常があり、それが実行されるなら、悟りの有無に関係無く、まさにそれが悟りの実行なのです。

仏教は、教えを理解したり悟りを得ることも大切ですが、信じることがより大切です。

それは、仏陀の言葉、経などの教えを信じて理解して行えば、必ず苦を離れ安心の境地に至ります。具体的には四諦や十二縁起の理解、八正道、戒を守ることです。

悟りがなくても、教えを信じ、道を実行することこそが、そのまま悟りの実行そのものなのです。

またそれは逆に、悟りを得ても、慢心して実行が成されなければ、悟りの実行は無く、人格の向上もありませんし、悟りは、ただの自己満足となり、悟りという妄念妄想を引きずることになります。

悟りは大事ですが、特別な経験と思い過ぎて、本筋を見失ってはなりません。むしろ、どこまでも教えを信じ、実行することが大切なのです。

ただ、悟りを知る者は、自己を知り空を知りますから、理論的には、雑念や妄念妄想に長々と引きずられることがないのですが、そうでもありません。煩悩にとらわれると、悟ってもとらわれます。

ただ、いつまでも引きずることなく短時間で修正され、必ず行動となり現れます。

反面、悟らない者は妄念妄想に何時までも引きずられます。しかし、時間の経過とともに、定力や禅定により平常心に戻れば、自己が働き、自然と実行がなされます。

また、悟らない者は、教えや八正道、戒を頑なに守ろうとしてとらわれ、自己の自由な働きを失い、それがまた新たな苦を生みます。

それでも、坐禅を続けていれば、時間が掛かりますが、そのうち間違いに気づきます。

✤無明の闇

さて、無明とは、迷いであり真理を知らない、真理に暗いことを言います。それは、自我や我見などの煩悩に妨げられ真理が理解できないからです。また、闇とは光が当たらない所を意味し、そのため真理が見えず、先が見えないことで、進むべき道が解らないことです。そして、無明の闇とは、真理を知ることができない、根源的無知のために悟れない、実際には無いものを在ると誤認して、正しい思考や行動ができなくなることを言います。

坐禅では、人が見性などして悟り、さらに師に付き公案が進んでくると、自分は特別なものになったと感じたり、振る舞うことで、何をしても良いという感情が生じます。

その慢心が増長して、行ってはならない一線をも飛び越える様が無明の闇に陥ることなのです。

意外と、この手の勘違い間違いは多く、古参と呼ばれる禅者や老師と呼ばれる僧侶の中にもいるようです。普段、正論を吐くだけ罪も深く、周りの迷惑は、この上なく、俗人が煩悩に振り回される様より、醜悪で嫌らしいものです。それは、坐禅だけではなく、あらゆる道でも、あることのようです。

特に剣の道においては、塚原卜伝や宮本武蔵のように、負けを知らず、剣が自在になるほどに、知名度が上がるほどに、別な思いが生じたようです。

それは、自分が剣で強くなるほど、「自分は剣の達人で、特別な人物になった」と思い上がるからです。

剣は、むき身の真剣です。どう言い訳しても人殺しの道具です。人を殺す達人になる者に、何の意味があるかということです。

しかし、人は彼らを恐れたり、逆に利用しようとして、おだて持ち上げます。その結果、普通の思慮が麻痺して、一線を越え、人を切ることに快楽を覚え、その一瞬の思いを求めるようになるのです。

そして、竹刀や木刀での試合に飽き足らず、真剣で人を殺傷することで、自分の存在を確認したり、さらに緊張感や快楽を求め強敵と戦うこととなります。

武芸者同士の戦いであれば問題は無いのですが、遂にはそれだけに留まらず、人を殺傷する高揚感や快楽を求め、辻斬りなどを行うようになってしまいます。

正道を知らず、行ってはならないことを行い、道を求めず剣の技術だけが卓越したその様は、煩悩の奴隷となり、自らで闇を作り、その闇に向かって苦しむのです。

それが、剣術の達人と言われる者が、陥る無明の闇です。

明治維新の立役者である山岡鉄舟は、幕末から明治時代にかけて活躍した剣の達人です。若い頃より剣術を行い、一刀流の浅利又七郎義明に学んで、後に一刀正伝無刀流を開きました。しかも剣だけではなく、坐禅にも修行の道を求め、臨済宗天竜寺の適水禅師から印可を受けています。その多くの言動は、弟子や兄弟、親戚により書物として残され、必要以上に過大評価され、大人物、英雄とされています。

確かに、剣術家としては、常人が達し得ない境地に至ったことは確かでしょう。

江戸城無血開城のおり、西郷隆盛との面談で後に、「金もいらぬ、名誉もいらぬ、命もいらぬ人は始末に困るが、そのような人でなければ天下の偉業は成し遂げられない」と賞賛され、鉄舟の活躍に、西郷は感銘を受けたとあります。

私の道友は、そのことを書物で知り、「私も、坐禅をして山岡鉄舟のようになるのが、目標である」と言いました。肝が太く、何事にも動じない、無欲の人となることですが、それはそれで立派ですが、残念なことに、仏教の苦を脱するという解脱の目標とは掛け離れたことです。世間一般の常識を無視して、肝が太い、洒脱な人物となることが、仏教の目的ではないからです。

さらにその思いが進むと、自分が特別だとの思いが生じ、無明の闇に至る危険もあります。

しかし、鉄舟は、それを知っていたようです。なぜなら、鉄舟は、剣の立ち合いでは、決して真剣で立ち合うことはなく、全て木刀や竹刀で立ち合い、一人の人間をも切り捨て、殺すことがなかったとあるからです。そして、常人を超えた意識を得た後は、無明の闇に至ることはなく、最後まで、弟子に剣術を教えることで、なんのための剣か、そして道を理解していたようです。

それが、無畏施《むいせ》の剣だとしています。無畏施とは、人から不安や恐怖を取り除き、恐れのない状態にすることで、人助けのための剣術だと教えています。その立ち合いは勝負を離れ、相手と自分が一体となり、自我や私慾を離れた空の境地で相対することだとしています。

またそれを、剣の達人、塚原卜伝は自他が一つとなる剣と呼んでいたようです。

本当に、剣でそれができるなら、全ての立ち合いで勝ち負けはなく、勝負は勝負としてなり立たないことになります。それは、剣の道が、単なる人殺しの技ではなく、その技が人のために活かされることを意味します。両者共に、剣の道が心の真理を求める道となり、道を極めたと言えましょう。

それにしても、鉄舟は、五十代半ばで、胃がんで亡くなっています。肝の太い男が、胃がんとは解せませんが、彼自身は相当に葛藤があったと、その苦労の程が思われます。

いずれにしても、偉大な人物であったことは確かですが、肝が太く特別な人と考えるのは間違いでしょう。

また、このことは、スポーツや芸能にも言えます。

金メダルの獲得や優勝すること、優れた芸能に何の意味があるかです。スポーツや芸能に道が無く、単なる競技や見世物になってしまい、人として下種な行いが目に余ります。これが、道が無い、仏教を知らないということでしょう。

さらに、芸能、スポーツの勝者を、マスコミが英雄視することで、本人もその気になります。特に、老練な大人が、年端のいかない若者を利用して自分達の利益のために、必要以上に話題にして、英雄扱いするのはおかしなことです。

無知な若者が、競技で勝ち上がり、訳も無く変なポーズを取ったり、メダルをかじったり、必要以上に喜怒哀楽の感情をさらけ出すのは、何か勘違いして大事なことが失われています。そこを、きちんと認識しなければ、本人にとっても、積み上げた努力は、ただの自己満足となり、全てが意味の無い単なる過去の栄光にしかなりません。

芸能、スポーツも道であるとすれば、道とは何か、極めるとは、単に技術が向上し、勝負に勝ち上がることや世間の人気者になることが全てではないはずです。

我々も、少しばかりの成功や失敗に、油断や落胆して、道を見失うことなく、常に何のために行うか、行動するか、道を行くとは何か、どうあるべきかを知らなくてはなりません。

そして成功も失敗も過程であり、結果に必要以上に舞い上がったり、立ち上がれないほど落胆することは間違いなのです。

どんな時も常に静かに、平常心であるのが、道にある者の本当の姿でしょう。

✤悟りの誤認と弊害

先日、僧堂で長年修行していた古参僧侶のホームページを見ていたところ、長時間の坐禅において、心身脱落を経験したとの記述がありました。読むほどに内容がおかしいのですが、本人はそれが悟りと思っているようでした。実は、こういうことは、よくあることなのです。彼はまだ若く、あまり指導的立場には無いようですから、今のところ害も無いようです。

その日、古くからの付き合いのある禅の道友が、訪ねてきました。

その場で、見性体験の話になりましたが、どうにもはっきりとしません。

「禅の解説書を熟読して、何も無い、全てが空である」と思った瞬間、全身に気が巡り、頭の上から足先に気が抜け、何とも爽快で「これが見性か」と、思ったそうです。見性体験としては、空を認識し大きな感動があり、良いのですが。話すうちに、その後の修行で公案の罠にはまっていることに気がつきました。

それは、公案を重ね、坐禅を行うことで自然に境涯が向上すると、勝手に思い込んでいることです。

禅の指導者である師家になるとか、そのような希望は無いようですが、自分の坐禅に自信が持てない、不安定な様子が妙に気になりました。公案の積み重ねは、大きな意味がありますが、その基礎は、自己と真理の追究です。自己の存在が何かを明らかにせずしての公案探究は、全て分別となり、そこから自己の本質や働きを知ることはできないはずです。

そして、公案には答えがあり、その回答も一つの答えをもって回答としていますが、基本的にはそれは違います。答えはその人の環境により無限に存在し、固定したものは無いというのが本当です。しかし、師家の言葉だけを信じて、それだけが答えというのも、おかしな話なのですが、指導される方はそう思い込み、体験のない仮想事実を事実と誤認して、自己が何かを得ずして、頭で理解して答えを得ようとします。公案集がどんなに立派で価値のあるものでも、所詮、他のものは、自分のものではありません。

自分の中から、湧き上がったものこそが自分のものなのです。だから、答えは一つではないということです。それを理解する師家でなければ、いくら公案を積み重ねても、書籍の中だけのことであり、自分のものとはなりません。それは、公案は知識でないと言っても、どこまでも知識、机上の理論です。実行されなければ日常生活で、無縁なものとなってしまいます。

しかし、このことは師家について指導を受けている限り、気づかないことでもあります。

自分が一人となり、頼るものも無く、自分自身が自己を信じて対面することで、初めて気がつくことなのかも知れません。そして、それが日常の自己の在り方だと気がつけば、修行の本当の意味が理解されます。それが、悟りの実行ということになり、それは、他から指摘されることなく、自らで気がつかなければ、人格の向上も解脱も成らないでしょう。いつまでも、心に落ちないものが、あり続けることもとらわれであり、見えない苦でもあるのです。

公案も、単純に、数をこなし積み重ねれば良いということでもないのです。

また、公案や師家に従っていれば、黙っていても自分を一定の境涯に導いてくれると考えるのも間違いです。それらは、ヒントを与えるだけで、境涯や人格の向上は自分自身で行わなくてはなりません。その意味でも、何時までも公案や師家に頼り従うようでは、真理は摑めないということです。公案からも師家からも自ら離れて、その身を孤独に置き、現実の日常生活の中で真理を求めるということが大切なのです。

黙照禅、看話禅、共に坐禅は、坐することで真理を会得します。しかし、単に坐すれば、何か生じると思うのは、大間違いです。何度も繰り返しますが、自ら求め、常に疑問、工夫改善があって坐禅は発展して自分のものとなっていくのです。

悟りも、人格の向上も自分自身で道を歩まなくては、自分のものとはなりません。

しかし、修行法は千差万別で、決まったものはないので、どこまでも公案を信じて行うのも一つの方法でしょう。あえて、余計な忠告をすることは、無駄なことで、徒労であり疲労するだけです。

第六章

因果、因縁とは

✤仏教法理の基本

仏陀が説いた、教えの、最初にあるのが、**因果《いんが》の法**です。

教えの基本である因果の法とは、全ての物事には、原因があって結果が生じるという原則です。

『自説経』には、「これあれば、かれあり」「これ生ずれば、かれ生ず」「これ無ければ、かれ無し」「これ滅すれば、かれ滅す」とあり、「これ」とは原因、「かれ」とは結果のことです。

この、原因と結果の関係を仏教では、因果と呼び、第一義として説いています。

そして、我々が苦を生じることも、因果関係があり、苦を原因として、その結果、道があると説いています。仏陀が説いた、苦から脱出する方法である、苦、集、滅、道の四諦の法も、この因果の法に従い、苦しみを自覚する、色々な原因を探り知る、原因を滅する、道を行くという四つの過程を得て、解脱に至ると説いています。そのため、苦を全く感じなかったり、苦が生じなければ解脱は無く、仏教も必要無いことになりますが、この世界に生まれ、人さまざまですが、苦を感じない、悩みや不安がない人はいません。しかし、人によっては、無常観をあまり感じない人々もおります。そのような人は、幸せな人ですが、他方で人生を浅く甘く真理を知らず求めず、漫然と生きていることになります。それでは、他人の苦しみや悩みを知ることは無く、真剣に相手を思いやる心も生じません。

いずれそのような人にも、本人の意志とは関係無く、苦は逃れ難いため、必ず訪れます。

全ての苦は、環境などから得られた、過去の経験から生じた思いや感じから、自らが作り出し認識するものです。苦が、自分の心が勝手に作り出すものであることを知れば、苦の本質を明らかとしなければ、脱することはできないということになります。そして、苦に実体は無く、本質は空であるとしています。また、相対関係にある楽も共に、同様の性質を持つことになります。

そして、因果には、生じた結果には必ず原因があり、逆に原因が無いところからは、結果が生じることは無いということになります。因果は原因があって、結果が生じると、その原因は消滅して無くなり、元のあるがままの姿や形に戻ります。

それは、因果自体が自我や分別が働いていない空であり、因果、因縁《いんねん》の性質が本来、空であり**性空**《しょうくう》であるということです。悟りが、その現象の具体的な認識となります。しかし、現実には、結果が、新たな原因を生み、限りなくどこまでも連鎖して繋がります。

そして、それは仏教の法理だけではなく、倫理、科学、経済などの社会生活にも通ずることで、我々が生きる、この世界の一大原則であり、時代を超越した事実でもあります。

また、我々に、何か不可解な行動や出来事が生じた時、必ず原因を探ると、なぜそれが生じたかを容易に理解し、どこに間違いや勘違いがあったのかも明らかとなります。

しかし、その原因が解らない、理解できないとすると、それは、現在の自分の中に、その原因を認めたくない、それを受け入れたくないという自分があることを、認識しなくてはなりません。全ての原因は、自分自身の心や行動から生まれる、働きだからです。

そのため、自分はその原因が解らないとか、知らないということは無いのです。自分自身が認識させない、ということなのです。物事は、何事も複雑に絡み合って理解不能のように見えますが、それは自分がそう思うだけで、全ての思いや、念を捨て去れば、物事は全て単純明快なものです。原因をよく探り、原因を知れば、生じる物事の結果も、おおよそ予測できることになります。そこから、自分の行動の在り方も、知ることができます。

しかし、生じた結果の原因が同じでも、常に同じ結果が生じるとは限りません。

そこには、**因縁**というものが大きく関係し作用します。それは、**縁**《えん》という行為が原因と結び付いて、結果を生じさせるという間接的要因が働くからです。

結果を生ずる切っ掛けとなる縁が、積み重ねて働く作用を**業**《ごう》と呼びます。

業とは、心を支配するものを意味し、身体による行為や動作、口に出す言葉、心に思う意志や考えのことです。この、身、口、意の作用を三業《さんごう》と呼びます。現世の色々な出来事の全ては、前世の三業によるとされ、三業は前世や過去に行った行為や意識のことであり、それは、現世の行為からもまた業となり、行為に応じて、現世や来世の吉凶や苦楽などの応報となります。

それを端的に教えているのが、悪い行いをすれば悪を生み苦を生じ、善い行いをすれば善が生まれ楽が得られるという**善因善果**《ぜんいんぜんか》、**悪因悪果**《あくいんあっか》、**善因楽果**《ぜんいんらっか》、**悪因苦果**《あくいんくか》です。

それは、死によっても失われず、**輪廻転生**《りんねてんしょう》に伴って来世にも影響を与えるとしています。

これを、**因果応報**《いんがおうほう》と言い、行為の善悪により、応報を受けるということです。

また、業には、業によって結果を受ける時期が異なるとしており、これを**三時業**《さんじごう》と呼びます。

順現報受《じゅんげんほうじゅ》：現世において受くべき報い。
順次生受《じゅんじしょうじゅ》：来世の生で受くべき報い。
順後次受《じゅんごじじゅ》：来来世以降の生において受くべき報い。

これらは報いを受ける時期が定まっているので**定業**《ていごう》と呼び、他方で報いを受ける時期が定まっていないものを**不定業**《ふていごう》と呼びます。行為の積み重ねが多い業は、定業となり必ず応報を受けますが、少ない業は不定業となり応報を生じないこともあります。この原因と縁の関係を

「縁起《えんぎ》の法」と呼び、仏教では時代にかかわらず、常に変わらぬ法則としています。

これら、因果、因縁の関係をよく理解し、善を行い悪を遠ざける、その行動こそが、現世や来世に苦を持たない道である、ということになります。

✤十二縁起

四諦の法は、色々な事柄が集まり、それが原因となり結果が生じるという因果の法に基づきます。その苦しみが、なぜ生じるかを段階的に説明して、体系的に説いたのが、**十二縁起《えんぎ》**です。

十二縁起は、順番に**無明《むみょう》**、**行《ぎょう》**、**識《しき》**、**名色《みょうしき》**、**六処《ろくしょ》**、**触《そく》**、**受《じゅ》**、**愛《あい》**、**取《しゅ》**、**有《う》**、**生《しょう》**、**老死《ろうし》**です。

無明は、真理を知らないことですが、その無明による前世の行動や行為が業となり認識され、その認識によって心身作用が働き、心身により眼、耳などの六処の器官があり、感覚があり、知覚があり、愛執《あいしゅう》があり、存在があり、生があり、老死があり、その生や老死によって、悲しみ、憂いを生じ、苦しみの思いを生じるとしています。その終わりの老死の行いや思いが、次の転生の無明となり、現世へ継続されます。

この原因と結果の繋がりが連鎖して、いつまでも我々は、生死を繰り返し、十二縁起を回り続けます。これを、輪廻転生と呼び、我々は、生死を繰り返すことで、現世、来世にわたり六道を巡るということになっています。

六道とは、**天道**《てんどう》、**人間道**《にんげんどう》、**修羅道**《しゅらどう》、**畜生道**《ちくしょうどう》、**餓鬼道**《がきどう》、**地獄道**《じごくどう》の六種類の道で、我々が来世で転生する世界のことです。それは、死後、そのような空間的世界があるのではなく、心の状態がそのような状態にあることを言います。前世で、心がそのような状態にあれば、転生して現世でその道に転生します。

例えば、前世で畜生のような考えや振る舞いをする者は、前世の業を引きずり、犬や猫などの動物に転生し、畜生道を歩むことになります。また、争いを好む者は、戦う世界である修羅道に転生します。それは、ある意味、適材適所に従った転生であり、そこは人間道とは、また異なった道があり、心の発達に応じた幸福もあるはずで、一概に、どの道が苦と決めつけられないでしょう。

この、連鎖の繋がりを断つには、始まりである無明、これを智慧により滅すれば、全ての繋がりが切れて無くなることになります。また、愛である愛執を滅することでも、繋がりを断つことができます。愛執とは、対象を追い求める貪りの心で、人や物にとらわれる愛着や渇愛《かつあい》のことです。

その、無明と愛執を滅し、輪廻を止め、輪廻を断ち切ることが解脱となります。

そこで、初めて生まれ変わりの転生が止められ、輪廻を脱することができるとされています。

✤因果と因縁

因果は、善悪に関係無く、行いの全ては、自分の身に還ってくるという教えです。それは、全部自分自身が作ったものであり、自分のものだとする、**自業自得**《じごうじとく》を説いています。

そして、因果には、縁という切っ掛けが必要で、さらに生じる結果は、そこに何時までも留まることがなく、さらに悪行も善行も、繋がる縁によって結果が変化し、悪行も善行となり、善行も悪行となり、それなりの応報を受け、福徳や吉凶となり苦楽を生じます。

よって、現実に現れた現象のみにとらわれ、悪や善を判断したり、吉凶の思いにとらわれることは間違いです。その間違った判断やとらわれが、善悪、吉凶だけでなく、苦しみを作るため、自ら苦しむこととなるのです。因果も因縁もよく本質を見極めなければ、単に余計な苦しみを増し、真理を見失うことになります。理解を深めるため、夏に行われる先祖供養である、盂蘭盆会の由来について話しましょう。

『盂蘭盆経《うらぼんきょう》』より

その時、仏陀の弟子、**目連尊者**《もくれんそんじゃ》は、母の養育の恩に報いるため、修行で得た神通力で亡き母を捜すと、母は**餓鬼道**《がきどう》に落ち、骨と皮ばかりにやせ衰えていました。

餓鬼道とは、六道の中の苦界と呼ばれる世界で、他人をないがしろにして、おもんぱからなかったことで、飢えや渇きに苦しむ世界です。餓鬼は腹が膨れた姿の鬼で、食べ物を口に入れようとすると火となってしまいます。

母を見つけた目連は食べ物を鉢に盛り母に差し出しました。しかし、母が食べようとすると、食べ物は全て、口のところで火に変わってしまい、食べることができません。目連尊者は悲嘆のあまり号泣し、仏陀のところへ行き、そのことをありのままに述べました。

そこで、仏陀は、「目連の母が餓鬼道に堕ちたのは、過去世の罪過が深いからであり、それを救うには汝一人の神通力をもってしても、どうしようもない、多くの出家者の力によらなければ救われない」と言いました。そして、仏陀は「救済の法」を目連尊者に示し、これにより目連尊者の母が餓鬼道から逃れられたという話です。これが盂蘭盆《うらぼん》と、**施餓鬼会**《せがきえ》が行われ、餓鬼法要の起源です。

さて、目連尊者は、ある程度、裕福な家に生まれたとあります。その、裕福な家庭にあった目連尊者の母がなぜ、餓鬼道に落ちたのでしょう。目連尊者を育てる時、我が子を可愛がるあまり、食べ物などを我が子にばかり与え、他人に施しを行わなかったためとされています。

それは、行き過ぎた母性愛の結果であり、施しを全くしなかったというわけではなく、他人に対する思いやりや慈しみが無かったことを意味します。

我々は、この話を知ると、このような些細なことからでも、餓鬼道に落ちるとしたら、どのように毎日を生きたら良いのかという疑問を持ちます。因果の法では、どのような些細なことも、原因となり結果を生じます。だから、因果、因縁をおろそかにできないし、油断してはならないのです。

我々が、悪を行いながら悪ではない、悪の応報は無いと間違った考えを持っても、悪の応報は必ず受けることになるのです。そして、この話だけで、この出来事だけで、簡単に是非や善悪、罪や罰を決めてはなりません。

我々は、愛する者のためや、社会のために、自らが地獄に落ちても、人を救いたいと願い、良くないことと知りながら行動することがあります。そこに、是非や善悪の判断をしてはなりません。

善悪を超え、因果の法を超えた行いに対し、我々が一方的に善悪や罪や罰を判断したり思うことは意味の無いことです。しかし、因果は変わらずあり、因果の法自体は決して変わることがありません。善悪の行いは業となり、原因を生じ必ず自身に還り、我々に苦楽を与えます。輪廻は、善悪に関係無く、因果で巡るということです。

ここでは、目連尊者の母は、自らの行いが原因で、結果、餓鬼道に落ちました。

しかし、実子の目連尊者と仏陀との縁により、母と仏陀に縁が繋がり、「救済の法」であるお施餓鬼が行われ、その縁により、餓鬼道を離れたという話です。

全ての行いから生じる因果は変わりませんが、色々な縁が繋がることで、また結果も一カ所に留まらず次々と変わるということです。そこには、因果の法が、変わらずあるだけです。因果の法はごまかせませんが、しかし、さらに新たに正しい縁が繋がれば、苦界さえ離れられるということなのです。

また、経には『**善悪因果経**《ぜんあくいんがきょう》』というものがあり、現世で生じている物事のありようや状態を前世の行為によるもの、報いとして生じていることが細かに説かれています。

例えば、現世で器量の良い婦人は、前世で辛抱強く優しく穏やかな人で、供養を好んだことからとか、逆に醜いのは、他人が利養《りよう》や名誉を得ると妬《ねた》み、供養を好まなかったからとか云々、色々な出来事を前世と絡めて説明しています。しかし、あまりにも根拠が曖昧で、これは仏教なのか、道徳ではないのかという指摘もあり、さらに近代では、何より平等を説く仏教の教えに矛盾するという指摘もあります。しかし、現実社会には、差別はあるものであり、自分達に都合の悪いものは、見えない聞こえないでは、真実を知ることはできません。

是非や虚実、善悪さらに損得などにとらわれ、現実を見ずに理解し、判断をしてはなりません。

そして、現世、前世、来世の**三世**《さんぜ》もあり、その因果、因縁も因果の法であり、我々の行為は三世にわたり繋がっているということを理解し、日々を油断なく、過ごさなくてはなりません。

故事にある、親子は一世夫婦は二世主従は三世というのも、あながち根拠が無いとも言えません。三世を認めるなら、理解できることであり、何となく縁が繋がったという話ではないのです。

また一方で、人には、「もし悪行を行っても、それに劣らないだけ、善行を行えば、良い」と、善悪差し引きゼロという考えもありますが、因果の法は、そんなに甘くありません。どこまでも善行、悪行その両方の行いの報いがあるだけで、共に相殺されて滅することは無いのです。善悪にかかわらず、行ったことは必ず還ってくるというのが、因果の法です。

それは、ある意味、大変恐ろしいことです。どんなに些細なことも、必ず応報があることを思えば、何事も軽率にはできないし、戯れにでも悪を行うなど、論外なことなのです。しかし、逃れることはできませんが、縁の繋ぎ方で生じる結果も変わり、生じた結果が常に一カ所に何時までも、留まることもないということになります。

法理にかなった正しい縁を繋げていくということが、大切という話でもあります。

最近は、輪廻転生、因果、因縁、それを言う者は少数です。これは、迷信でも、単なる教訓話でもありません。現実であり、我々の今日という日の、現実の娑婆世界の在り方です。

仏教徒なら誰もが、因果、因縁はごまかせないという、その意識を強く持たなくてはなりません。

✤ 宿命と運命

宿命とは、前世の境涯や、自己の過去の行いにより定まった、現世の現象を意味します。それは、前世で作られた行為が業となり、原因として、さらに現世の色々な条件が縁となり、物事の現象が生じます。前世で作られた業は、転生で消滅することなく、現世で人の人格に寄り添うのです。その前世より引き継がれた業が、現世の我々の在り方に、大きな影響を与えます。

そして、宿命とは、絶対に変えられないものではなく、縁の結び方により、自在に変化します。

それは、現世の、今の自分の在り方に大きく関わっています。だからこそ、現在の自分の在り方、行動が問われ、問題なのです。たとえ、我々に前世で、どのような業があっても、現在の自分の在り方や行動が正しければ、業は悪縁と繫がらず、結果に苦を生じさせないことになります。また、業と悪縁が繫がったとしても、苦は小さく働くことになります。また、現在の自分に誤りがあれば、逆の働きをします。それは、善因も悪縁と繫がると悪行となり苦を生じさせ、逆に悪因が善縁と繫がると善行となり楽を生じさせると、理屈の上ではそうなります。

また、因縁を正しく理解しなければ、前世の悪縁は、今世でさらに増長され悪い結果を生み、縁は来世に先送りされることとなり、来世にまで苦しみを持ち越すことになります。その意味で、現在の自分が、どのような縁を何に、誰と繋ぐかで、行動も、それにより生じる苦楽の大小も決定します。

おかしな言動や行動をとる危険な人物や団体には近づかない、関わらず縁を繋がないということが求められます。我々の持つ業は、過去の行為の経験や体験ですが、それは自ら自覚した意識だけでなく、自覚していない意識にも存在します。問題は、その意識が無自覚に、色々な縁と勝手に結び付くことです。その自らの心を見ずに、生じた結果が自分の思い通りにならないと、怒り悲しみ感情的になったり、「どうでも良い」と、投げやりになったりしては、その業は何時までも心にあり続け、同じことを繰り返し、同じ苦しみを何回も味わうことになります。

怒りや悲しみが大きいほど心を静め冷静に自身を見て、自分が持つ認識されなかった業を知ることで、その縁が何か、何がそうさせたかを知るのです。そして、知ることで認識も行いも、自然に変化するのです。それは、生じた結果に納得できなくても、静かに受け入れ堪え忍ぶことも、必要だということです。

さて、このように論理を詰めると、因縁や宿命から逃れたり、全ての悪縁は本人の努力で、滅せられることになりますが、それは理想論です。全ての業が理解され、すぐに正され実行され宿命が変わっても、全ての悪縁が変化したり無くなることなどありません。我々に自我や私慾がある限り、それは大変難しく、そう簡単に変われるものではないからです。

また、善悪の縁によって生じた結果に、全てぬかりなく注意して、全ての行動を自ら律し、戒律を守り厳格に従うというのも間違いです。それでは、自分らしさも失われ、戒や教えに縛られるという別な苦しみが生じるからです。仏教は、そんな不自然な努力を一方的に求めていません。

仏教の根本に立ち返れば、全ては空であり、宿命や因縁もあるもの、全ては遠ざけ逃れることでもないのです。我々の日常生活は、苦しみもあれば、多くの楽しみもあるのが普通です。宿命や因縁に必要以上にこだわり、振り回されては、自分らしさの本質を見失います。

要するに、宿命を知り、過去の善悪の縁にこだわらず、常に平常心を保ち、来るものは来るとして受け入れ、自分らしく法に従い、自由に活発に生きることです。簡単に言うと、宿命が変化することを理解して、さらに宿命にとらわれるな、ということなのです。

また、運命とは、人は生まれ、寿命に長短はありますが、必ず亡くなることのように、変えることができないものを言います。運命は宿命のように、どうあがいても、変えることはできません。

仏陀も自分の死に臨んで、弟子のアーナンダに、「生じ、存在し、つくられ、壊滅《かいめつ》する性質のものが、壊滅しないようにということが、この世でどうして有り得ようか。このような道理は存在しない」と、自らの死が運命であると、『涅槃経《ねはんきょう》』の中で述べています。

全ては変わり行く無常の姿です。何事も全てに始まりがあるように、必ず終わりがあります。

運命とは、どこにも留まらず、停滞せず常に動いている、無常の姿なのです。

人は、老齢で亡くなれば、運命であり、寿命であると思い、自然なことと考えますが、そうではありません。病気や事故などで亡くなる人も、年若くして亡くなる人も、年齢に関係無く、運命であり寿命なのです。どんな難病、夭死であっても同じです。大往生と変わりません。死は死であり、余計な考えを入れることは、間違いです。問題は、変えられない自らの運命を知り、どうするかです。


運命も宿命と同じく、正しく認識し静かに受け入れることで、自分らしさを失わず、自由で正しい行動が生まれ、安心と静寂が得られるのです。常に自己を見失うこと無く自己を見て、自分らしく在る、宿命や運命に従うとは、このような在り方です。

因果、因縁を知るとは、無理な考えや、不確実な思いで、それを納得させてはなりません。

自分自身の在り方をよく理解して、自己に従い行動することです。

✤ 前世と現世

人は、不意に失業をしたり、身内に不幸な出来事や困難が生じると、聞きかじりの間違った因果の法や因縁をそのまま信じて、「前世で悪いことをしたから、現世でこうして苦しむのは、前世の報いである」などと言います。

自分は、前世でどんな悪行を成したかと思い、実体のない悪を思い、罪や罰を思います。

さらに、心ない他人は、水子の霊がとか、「親の因果が、子に報い」などと、全く根拠のないことを言い、罪悪感にとらわれるようにしむけます。それは、意図的に相手に、妙な混乱を与え困らせるためなのです。これらは、新興宗教がよく使う手法で、信者や布施を獲得するために、因縁の本質を知らせず、恐怖心や罪悪感を与え、間違った解釈を押しつけるものです。

また、水子供養や先祖供養を強要して、因縁を断つと称して物品を買わせたり、多額の布施や供養料を求めたりします。そして困ったことに、人はその説明に、少しでも覚えがあると、何の根拠も無く納得する者も多数いるのです。そして、粗忽で意地悪な者は、嘲笑や嫉妬から、苦難にある者に、この言葉を浴びせ、まるで、因果、因縁の真理を得たかのように、他人に話します。

それらは全て、因果や因縁を知らない、無知が原因の愚かな人の間違った見解なのです。

心が弱った時に付け込まれても、信じてはなりません。心を強く持ち、揺るがないことです。

そして、間違った短絡的な真理を歪めた解釈は、仮に納得しても、後に新たな苦しみを作るだけで、決してそのような納得で苦から脱することにはなりません。間違った因果や因縁を信じることで悪縁も生じます。そして、その話を真理と信じて、さらに他人に吹聴するなら、そのこと自体が悪行となり、さらなる悪業が生じます。他人に話すことで、病気などの困難な状態にある人に、さらに実体の無い前世の罪や罰を背負わせ、相手の苦しみを増すこととなるからです。それは、他人にも苦しみを与えることであり、悪縁が悪行へと進展することとなのです。

前世の報いで、現世の自分に困難が生じたと思う人は、前世より、むしろ今の自分の行いや在り方の方を考えるべきで、そこに問題が在り、前世の自分をいくら思い考えても、問題は解決しません。

それは、前記のように因果は、善悪どちらも縁の繋がりで変化し、定まらないということだからです。もし今、現世で悪業が繋がったと思うなら、前世の自分の悪行と同じものが、今の自分に在るということであり、その自覚や認識が無かったということです。それこそが問題なのです。

変えることができない前世を考え、思うより、現世の自分の在り方がより問題で、考えるべきは現世に在るということです。現世は、前世そして前々世と繋がり、来世とも繋がっています。それを認識して、現世で自己を正さなければ、来世に悪業はそのまま、また引き継がれます。

よく自己の在り方、言動を見て、正さなくてはなりません。正すべきことを正さなければ、前世でも現世でも来世でも、悪を作りて、悪を知らずということになります。そして、業は思ったり念ずることでも、現れます。

前世の悪行を言うならまず、現世の自分の行動、在り方をよく見ることが必要です。独りよがりな間違った価値観が煩悩となり、悪行を行わせています。前世の悪行を言う者は、現世の自分の悪行を言うことです。言うこと自体が、自分や他人に苦しみを与えています。なぜその事が解らないか不思議ですが、それは、自我が強すぎ真理を求めないからで、そのような人は、地位が高くても、人格が劣った人と言えます。

ただ、多くの者を苦しめる者は、来世において必ず自分も苦しめられることから決して逃れられないからこそ、それを知らない信じない者は、可哀相で哀れな人でもあるのです。

また、因果や因縁を知り、同時に自分に、善業、悪業が在ることで罪や罰を思うことは、間違いです。業自体には善悪はあっても、罪や罰はありません。罪や罰は我々が作るもので、業自体は、共に空です。現世に生じる現象がどうであろうと、それに罪や罰を思うことは、実体の無いものに分別を付けることであり、そこに意味は無く、苦を生じさせるだけです。

善業、悪業は罪や罰に関係無くあり、必ず全てに応報がある、それだけです。

✤ 困難と運命

人はなぜ、人生において、色々な困難が生じて、苦しむのか。

例えば、病気であれば、一過性の単純骨折や食あたりなどの、短期に完治して後遺症など残らない病気は別ですが、現代では、ほとんどの病気は、完治することなく慢性化します。それが、因果の結果であるとしても、過ぎ去った過去を思い反省しても、現在の自分の在り方や、行動を正しても、病気を避けることはできませんから、病気となることや、困難が生じること自体は、因果や吉凶、福徳とは直接、関係無いようです。

その病気の原因は、遺伝や自身の不摂生、不養生、事故など様々ですが、過去を思い、あの時こうすれば良かったとか色々考えると、因縁関係があり、宿命のように思われても、それは違います。

現在の自分が、いくら努力しても、防ぐことができない、避けられない困難が生じるのは、それが運命だからです。病気になるのが、仮に宿命だとして、前世の業が原因とすれば、どのような縁が現世で繋がったのでしょう。しかし、病気は、どのような縁と繋がっても、繋がらなくても最終的には、生じるものなのです。それは、我々には、老化という自分では変えられない身体の変化や変調が年齢とともにあり、それが病気を誘発するからです。また、若年者であっても、いくら病気にならないように身体を気遣っても、逃れることはできないという事実もあります。

また、生まれてきたことが原因で、病気になって死ぬということが因縁による結果とすると、病気になるのは業であり、何かの縁と繋がった結果ということになります。しかし、その何かの縁とは何かと、我々がいくら探っても答えは無く、最終的には誰もが、その病気が直接、間接的に作用して死に至ります。それは、病気になると、縁の有無に関係なく、いずれ誰もが死に至るというのが事実だからです。病気になること自体は、我々の力の及ばないものであり、変えられないものです。突発的に生じる、避けられないさまざまの困難は、生じること自体には、因果関係があっても、因縁関係は無く、全ては宿命ではなく運命と言えます。

しかし、病気による環境の変化は、吉凶、福徳と大変関係があります。お金の有無、年齢の違いによって、受けとり方や、生みだす苦の在り方もさまざまだからです。そして、生じた現象に処置することは可能ですから、そこには因縁関係が存在するため、これは宿命と言えます。そして結果、病気であれば、後遺症が残り慢性化します。

そして、現代は、ほとんどが完治することなく慢性化し、その病気とともに暮らしていかなくてはなりません。慢性化することは、それも同じ理由で運命と言えます。その病気を原因として、病気をどう対処するかにより、医者の処方や薬、手術で病気が治ったり、慢性化したりもし、さらに慢性化しても、本人の摂生などの正しい対処、努力により、病状が悪化したり好転したりするのは、結ぶ縁により自在に変化した因縁の結果ということになります。

そして問題は、病気で苦しむことです。病気が慢性化することで、再発の恐怖感、薬の副作用、治療の長期化など、さまざまな新たな苦しみが生じます。

いずれも、病気になることと死には因果関係がありますが、宿命などではなく運命であり、決まっていて、我々の努力では決して変えられない天命であり、我々の力が及ばないということなのです。そして、死が必ず来るように、病気は若者、老人、早い遅いの違いはありますが必ず来ます。仮に、治療して延命したとしても、行き着く先は同じことです。皆、病気で死ぬのです。

人は、老衰で亡くなっても、それは、老化という病気で亡くなったのです。避けられない自然現象であり、それが運命であるという法理なのです。

そして、運命に逆らうことはできません。妄念妄想することは無駄であり、苦を生じさせます。

✤因果からの解放

仏教は、死んだら生まれ変わるという輪廻転生が基本です。

それは、現存の我々が、何かの、または誰かの生まれ変わりや何かの変わりであり、行いの全てが現世、来世にわたりつながっているということです。しかし、その本当の意味を理解せず、我々は何となくそうだろうと思います。輪廻は、単に生まれ変わるというだけではなく、過去の行為が業となり、因果の法により生まれ変わるので、来世も必ず再び人間として生まれるわけではなく、保証も無いということです。

前世で、多くの人を殺害すれば、牛や豚に生まれ変わり、その身体をもって、肉となり多くの人に業を返さなくてはなりません。そのような道理を踏まえ、来世を考えるとともに、現在、自分が人間として生まれ、自分がここにあるという事実を深く考え、自分は現世で何をすべきかをよく考えなくてはなりません。八正道や戒にそむき、自分勝手な理屈で、何をしても良いということではないのです。

しかし、前世の因果にとらわれず、因果をあるがままに受け入れながら、自己を見失わなければ、全ての因縁から離れ、宿命や運命からも脱することができます。因果の法や因縁がどうであろうと、それに騙されること無く、全てが空であるという真理を正しく認識すれば、因果、因縁から解放され輪廻転生という呪縛からも逃れることができるというのが次の話です。

『無門関』第二則　百丈野狐《ひゃくじょうやこ》

昔、中国、百丈山大智院寺に**百丈禅師**がおり、多くの弟子達を集め、毎日説法をしていました。

当時、当山には百人以上の修行僧が、いました。

その時、何時も一人の老人が必ず、皆の後ろに座り説法を聞いていました。説法が終わり、皆が帰ると、老人も帰る、毎日そのようにしていたので、誰も気にとめることもなく過ぎていました。しかし、ある日、説法の後、皆が帰り老人一人が残りました。

百丈禅師はそれを見て、「そこにいるのは誰か」と尋ねました。

「よく問うてくださいました。私は人の姿をしていますが、実は人ではありません。その大昔、私が禅の指導者となり、この山に道場を開いておりました。そこへ、一人の修行者が来て、私に問いました。

『大悟徹底した人は、因果の法に支配されませんか、それとも支配されますか』と。

私は、『不落因果《ふらくいんが》（大悟徹底した人は、因果の法に落ちない、支配されない）』と答えました。

この答えが間違いであり、人に嘘を教えたことで、この山で野狐となり、五百ぺんも生まれ変わり、死に変わりしております。どうぞお願いです。今、禅師が私に代わって正しい答えを示して下さい。

そうすれば、野狐の身を離れることができます」と老人、百丈禅師に問う。

「大悟徹底した人は、因果の法に支配されませんか、それとも支配されますか」

百丈禅師、「不昧因果《ふまいいんが》（大悟徹底した人は、因果の法に眩まされない、騙されない、引っ掛からない）」と、因果を説きます。老人、言下に大悟し、礼拝して言います。

「おかげで、野狐の身を脱することができました。そして、私の死骸は、この山の後ろの岩の上に置きます。どうか、丁重な葬式をお願いします」と言い終わると、老人の姿は見えなくなりました。

説明を加えると不落因果、不昧因果、共に因果に落ちることに変わりありません。

しかし、因果がどうあろうと、常に環境に適応するなら、因果の法に関係無く、環境に順応して成りきるところに、因果の法を脱し、因果の法に支配されない自己の姿があると、百丈禅師は言ったのです。それは、元来、原因も結果も自分が作ったものです、それに振り回されてはなりません。そして、全てのものは空であり、実体が無く足早に通り過ぎるので、現れた現象は条件によって変化しているだけなのです。全てが空である本質はどこまでも変わりません。その、あるがままをとらえることができれば、因果の法がどうあろうと、五百回、狐に生まれ変わろうと、どのような環境においても苦は無いはずです。

すなわち、不昧因果は、因果の法に眩まされてはならない、野狐となる原因があって、五百ぺん野狐に生まれ変わったとしても、それに惑わされるな、ということです。野狐に成りきったところに、因果の法を脱した姿があるのです。因果の法の結果により、生じた現象をどうするか、さらに因果の法にとらわれるか、とらわれないかにより、苦の在り方も変わると示しています。

我々は、自ら望んでする仕事には苦を感じませんが、強制された仕事には直ぐに苦を感じます。

それは、心の置き所で、自分勝手に苦を作るからです。因果という大原則は変えることはできませんが、心を明らかにして正しく置くことで、無駄に苦しまず、自己を失わないのです。

そして、因果の法は、固定されたものではなく、縁により結果は常に変化します。

ここでは、百丈禅師と縁が繋がり、正しく因果の法を知ることで、野狐の身を脱したのです。

因果の法の本質が空である以上、固定性が無く、実体がないなら、因果の法に振り回されず、引っ掛かりません。因果の法など気にせず、毎日を一生懸命生き、自我や私慾、希望などの思いに眩まされない、ありのままの環境を生き抜くことです。

大悟徹底した人は、因果の法に落ちても、因果の法に眩まされたり、その境遇に惑わされたりすることはなく、野狐に生まれたら生まれたように、環境と一体となり、あるがままで、自由に生きるのです。

因果なんぞ知らん、「コン、コン」と鳴けば、野狐も悪くないじゃないか、ということです。

そして、そこには苦や迷いは無いぞ、と教えています。

『無門関』の頌《じゅ》で、無門和尚は、五百ぺんも野狐に生まれ変わり、野狐に成りきるなら、それもまた、落ちつき優雅で風情やおもむきがあり、風流なことではないかと言っています。

人は、因果の法を「輪廻は恐ろしい」とか、「イヌやネコに生まれ変わりたくない」とか言いますが、それも、我々の間違った妄念妄想が、そう思わせています。その認識が、最終的に、苦しみを作ることとなります。因果も中身が空である以上、我々が恐ろしいことであると考えたり、イヌやネコは常に、苦しみの世界にあると思うのは、我々の勝手な思い込みです。

以前、家で飼っていた小型犬が最近、亡くなりましたが、なんせ、誰にでも愛想の良いイヌで、家族だけでなく、近所の子供、年寄りにも大変可愛がってもらい、毎日が実に楽しそうでした。

何事も、環境に適応して成りきるところに、真の安心と幸福が在るのです。

✤懺悔滅罪による因果滅

我々は、生まれ因果や因縁さらには前世の業が、何もない人はおりません。むしろ在るから、今ここに存在するとも言えます。その因果や因縁、悪業から解放されるにはどうするかです。それを、道元禅師は懺悔滅罪で示します。

我々が懺悔することで、悪や罪が滅せられ悪業が滅し、因果が滅せられるとしています。

我々は、前世の業に引きずられるため、悪習がそのまま現世に引き継がれていたり、無知ゆえに知らずに悪行を行ったり、また悪行と知っていて、他を苦しめるようなことを平気でします。そのどちらの場合も、自らの行いを悔い改め懺悔すれば、悪業も縁が繫がらず悪業が滅せられるとしています。

種があっても、大地、太陽、水などの条件（縁）が揃わなければ花も咲かず、実もならないのと、同様の道理です。縁によって結果が生じ、縁によって滅することです。それは、現在の自分のありようによっては、何時までも縁が繫がらず、因果は、滅せられることになります。

しかし、懺悔しただけで、全ての悪業が無くなるなど、そんな都合の良い便利な話は、ありません。因果、因縁により生じた結果は、自ら認識の有無に関係無く、全て自分が引き寄せた縁の、結果でもあります。懺悔とは、それを改めて認識することであり悔い改めることですが、それで過去の因縁や業が無くなるわけではなく、いくら悔い改めても、来るものは過去の行為に従い生じ、我々に、苦楽を与えます。因果の法を騙すことはできません。

行ったことは、必ず自分自身に戻ってくるということです。

それを受け入れるというのが懺悔です。受け入れることで、同じ過ちを繰り返さないという誓願でもあります。それから逃れたり、帳消しにするといったものではなく、今より新たな悪業を作らないということであり、現在ある業にかかわらず、懺悔することで業があっても、悪業と縁を繋がないということです。それにより、自らの罪の認識は、無くなるとしています。これが、懺悔滅罪です。

今ここで悪業を感じたり、悪業に引き込まれると感じる時は、即座に懺悔すれば、悪業とは縁が繋がらず、どんなに心が揺れ動こうと、行為や行動とならなければ、因縁は滅せられることになります。

心は浄化され、清浄となり、その清浄心は、現世だけでなく、前世にも来世にもわたり、自身を浄化させます。それは、心を静め、心を見ると、前世と繋がった現在の自分の悪業を認識させます。

それを、静かに観て懺悔することです。

道元禅師は、

「我《が》昔《しゃく》所《しょ》造《ぞう》諸《しょ》悪《あく》業《ごう》、皆《かい》由《ゆ》無《む》始《し》貪《とん》瞋《じん》痴《ち》、
従《じゅう》身《しん》口《く》意《い》之《し》所《しょ》生《しょう》、一切《いっさい》我《が》今《こん》皆《かい》懺悔《さんげ》」

（われ昔《むかし》より造る所の諸々の悪業は、皆無始《むし》の貪瞋痴《とんじんち》による、
心口意《しんくい》より生じる所なり、一切を我今皆懺悔《われいまみなざんげ》したてまつる）

と、この懺悔文を深く心に念じ、合掌低頭して唱えなさい、そうすれば過去、そして現世の悪業、悪縁が切れ、悪行が生じたり、発展しないことになると教えています。

第七章　日常の坐禅と真理

✤日常禅の必要性

私が、四十年近くにわたり、坐禅を行って得た一つの結論は、坐禅は日常生活の中で、悟りの実践があっての坐禅であるということです。そして、日常生活の中で、坐禅を活用するとは、**即身是仏**《そくしんぜぶつ》、**作用即性**《さようそくせい》、**平常無事**《へいじょうぶじ》というのが馬祖《ばそ》禅師の考え方です。

即身是仏：自己こそが仏であると自覚し目覚めること。
作用即性：その自然な自己の働きこそが、正しさであると知ること。
平常無事：妄念妄想に振り回されず、あるがままを普段と変わりなく生きる、そこに真の安楽があると自覚する日常があること。

悟り体験は、真理を知る一番の近道であり、見性者に大いなる感動を与えます。

しかし、見性体験で、強い感動を覚え、真理を確信しても、その体験を自らの人生で活用しようとしても、理想の実行が直ちに現実の日常生活で活かされたり、真理が実行されたりすることには、なかなかなりません。悟り体験で真理を理解しても、それはどこまでも観念であり、現実には日常生活で生じる苦に対応し、直ぐに苦を脱するということには、ならないということです。悟りを理解することと、日常生活の行動で活かすこととは、別なことであり、一朝一夕には実現されません。それは、長年にわたり染み付いた、世俗の癖や観念があるからで、観念はそう簡単に変化したり、無くなることがないからです。そこは、時間を掛けて徐々に、自分自身を変化させていくよりありません。それには、悟りで得た真理をいかに実行するかです。善を成し悪を遠ざけ、法理に従って生きるということになります。

法理に従うとは、あるがままの正義を守るということであり、坐禅などの平常心で生じる智慧を、日常で活かすということになります。それが、道を行く、ということになります。

そして、智慧は、実は悟りを得なくても、特段の認識を持たなくても、心に仏があれば日常でも平常心であれば誰でも、禅定となり智慧が得られます。だとすると、悟りの有無に関係無く、智慧に従い行動することが、そのまま悟りの実行、実践ということになります。それが理解され、日常生活の中で悟りが実行されるなら、これほど現実的に、我々に直接に真理を示してくれるものはありません。

禅定とは、日常においては、心に何もないこと、心がどこにも動かないこと、もし心が左右に動いても、心が直ちに平常に戻ることを意味します。そして、解脱とは、日常生活の中で苦しみ無く生きることであり、日々の生活が、安心で幸福であることでもあります。日常生活においては、正しく生きることが、何よりも必要で求められます。

そこに変わらぬ日常での平常心があるからです。常に日常でも平常心があるということは、禅定もあり智慧も働くということになります。平常心があって智慧が働き、悟りの実行がなされると、さらに平常心が継続されます。それは、悟りの実行が、日常の正しさを証明し、我々に安心を与えるからです。それは、行った行動に悔やみや歓びなどの思いが残らない、引きずらない、妄念妄想が生じない、ということが、苦しみを生じさせないことであり、行為の正しさを証明しています。

生きるとは、一呼吸の一瞬を生きることで、そこには理屈はなく、いかなる環境にあろうと、あるがままに生きることでもあります。そして、今いるこの場が、浄土であると言います。それは、考え方によっては、この場がそのまま、それを実行する修行道場とも言えます。

そして、禅定は、坐禅により理解され、日常の坐禅の積み重ねにより、日常生活でも容易に智慧が生じることとなります。

その、智慧の働きが、仏性であり八正道の実行なのです。

しかし、単に、八正道の実行が、悟りの実行であり、仏教が示す真理だから従いなさいと言っても、理屈や道理でそれを理解しても、何も知らない者が、それを実行することは、無理でしょう。

しかし、それが仮に、実行されなくても心がけるだけで、意識はかなり変化します。智慧の認識ができなくても、常に示されている念や思いが何かを知ることは、少し心を落ち着けて自分の心の中を見れば、容易にできるはずです。さらに、その大切さを理解すれば、次第に思いや念に従い行動が促されることになります。

禅定によって生じる思いや念を、無駄に通り過ぎさせてはなりません。

しかし、何事も、実際の出来事や行いは、現実には自分が思い、念じ、想像していた通りにはなりません。どうしても、我々は、妄念妄想し、私見や自我を優先して考えを進めるから、真理が見えなくなります。だからといって、それを当然と思い込んだり、逆に一つの思いに留まり、変わり行く真理を見ず、何時までも固守するのも間違いです。何事も、あるがままの正しい状態や姿を怠りなく、冷静に変わり行くままに、見なくてはなりません。

それをさせるのが、平常心であり、日常の坐禅なのです。

日常の坐禅は、十五分でも二十分でも、毎日行うことで、自分自身の認識や自覚が無くても、確実に日常生活に反映され、思わぬところで智慧が働き、真理に沿った力が発揮されます。

✤呼吸と活動禅

坐禅は、平常心を得るために行い、禅定に至ることが求められます。それには、坐禅における呼吸が深く関係し、正しい呼吸法が求められます。

呼吸が、いかに大事かということは、人は死が近づくと呼吸が不規則になり、最期は下顎呼吸《かがくこきゅう》と言われる、口をパクパクさせ喘ぐような呼吸になり、普段の呼吸には使っていない首やアゴの筋肉を使って全身で呼吸を行い、最後の一呼吸を求めることから解ります。それは、身体と呼吸は別々なものではなく、一体であり、呼吸が心とも強く繋がっているということです。

そして、坐禅の呼吸法は、腹式呼吸《ふくしきこきゅう》が原則であり、数息観、随息観があります。呼吸の出入りを見つめ、呼吸に成りきることです。それは、呼吸と自己が一体となり、自我意識を離れる呼吸です。そして、坐禅は、坐布《ざぶ》の上で行うだけが、坐禅ではありません。

坐禅は、一定期間行い、坐がなじんでくると、次は日常生活の中でも、坐によらず平常心を保つことができるようになるのです。それが、坐布の上に坐らない坐禅、**活動禅《かつどうぜん》**です。

活動禅は、椅子坐禅や立ち禅、歩行禅と色々あります。そして、日常で、どこでも、少しの時間でも、その気があればできます。

その方法は、坐すること以外、呼吸法、所作、心の置き方などは、坐布の上でする坐禅と同じです。そして、活動禅も行うことで、姿勢や呼吸を確認したり、場所を変えたり、時間の長短を見たり工夫して、自分なりの活動禅を作っていくことです。

しかし、活動禅を行えば、坐布の上の坐禅が、全く必要無いということではありません。

坐布の上の坐禅は基本であり、日常で心が落ち着かず動く時や、平常心や禅定に至れない時は、やはり坐布の上での坐禅に戻る必要があります。当然、日々の坐布の上での坐禅は常に必要で、併用することが求められます。

そして、活動禅は、坐布の上の坐禅が行われ、腹式呼吸ができて、平常心となり、禅定状態が認識できるようになった時点で、行って下さい。そうしないと禅定が解らず、禅定を理解しなければ、活動禅もただの健康法になり、十分な効果は期待できません。

活動禅を行えば、日常生活のどこでも、何時でも平常心が保たれ、安定した生活があることになります。仏教の坐禅は、坐を行うことではなく、坐により、平常心に至り禅定を得て、智慧により真理が実行されることで、苦を持たないことです。


『臨済録《りんざいろく》』では、「一人は、仏祖も窺《うかが》えない悟りの真《ま》っ只中《ただなか》にいて、さっぱり活動の自由がなく、一人は現実生活の差別の中にいて、少しもとらわれない。どちらが優りどちらが劣っているか、見分けてみよ」という問答があります。

もちろんこれは、前者より後者が優れております。坐ってばかりでは、真の働きが、悟りの実行が得られないということです。坐禅は、坐して行うばかりでなく、常に何処でも平常心で智慧が働き、正しい行動がなされるなら、日常生活の中に坐禅があることになります。

活動禅は、日常生活における悟りの実行です。

しかし、活動禅は行っても、坐布の上での坐禅と異なり、最初は、浅い禅定しか得られません。そのためすぐに外界の刺激にとらわれ、自我が働きます。しかし、行うほど段々と馴れ、心が定まり平常心となります。また、禅定を意識することで、雑念や、妄念妄想が生じてもそれらを離れ、平常心に戻ろうとする意識も同時に働きます。行うほど平常心を日常生活で保つことができるようになり、智慧が生じます。

また、坐布の上に坐る坐禅は、ある程度坐禅が進み、自分の平常心が確定したと感じたら、自ら進んで、活動禅を行うことです。坐禅は、日常の活動の中で行われ、実行されてこそ、より実践的となり、生活に役立つものになります。それは、真の人格向上とは、理想や、理屈を述べることだけではなく、日常の活動によって示されることで、真理が明らかとなり確信されるからです。

また、坐布の上に坐る坐禅だけでは、結局、自分さえ絶対安心の世界にいて、他に働き掛けない独りよがりな利己的な坐禅と思われても、しかたありません。坐布の上に坐る坐禅を捨て、日常の中で坐禅を行うことには、人を助けるとともに、真理を他人に伝えるという意味もあるのです。

静かな環境の、閉ざされた狭い空間で坐禅ばかりしている、独りよがりな自分だけが、安心で安全な境涯にあって良い、というのは間違った考えなのです。

また活動禅は、続けるほどに、日常行動の中で特別な意識無しに、平常心により三昧状態となり禅定に入っていたりもします。そして、坐禅に慣れ、進んでくると、立ち振る舞いの全てが、坐禅となります。目指す必要はありませんが、そうなる人もいるということです。

✤日常の真理（苦しみは、どこから生じる）

全ての苦しみは、環境や他人から与えられるものではなく、自分自身が自覚無しに、勝手に苦しみを作りだすのです。

昔、社会に出た頃、同じ仕事、作業をしているのに、一人は苦しいと言い、他の一人は、苦しくないと言いました。皆が同じ仕事を行っているから、全員が同じように苦しいと感じるはずなのに、そうではありません。思いは色々で、楽だという人もおり、大変不思議に思いました。

人の持つ感覚や体力が異なることで、それぞれの意識も異なるのかなとも思いましたが、それは、感覚や体力が異なることが原因ではなく、苦しさを思う基準が、人それぞれ違うことによるものだと知りました。我々が持つ、一人ひとりの観念、意識が異なることで、生じる基準が、それぞれ違ってきます。

しかし、その基準は、それぞれが勝手に作ったものであり、本来、基準など無く、限界も無いのにあると思い込み、基準を持つことで苦が作られるのです。それを知らず、我々は環境により、苦しみが生じたと思いますが、苦しみは生じたのではなく、自分自身の中で作られたことで、苦を自覚し認識するのです。

苦は自らが作りだすものであるから、基準は無く、今ある環境にかかわらず、「苦しくない」と、無理に自分に言い聞かせることでも、一時的に苦しみは無くなりますが、あくまでもそれは、一時的なことであり、時間の経過とともに、また頭を持ち上げます。その度に、苦の基準は上がっていきます。

そのため、人は、大きな苦しみを経験するほど、苦しみは日常化され、多少のことでは、苦しみや辛さを感じなくもなります。しかし、心は常にうつろい易く、また外界と接触して、限り無く次から次へと、新たな思いを生じます。

これでは、苦楽を思う心は感覚的で刹那的なものとなり、心の本質を摑めず、いつまでも迷いは晴れません。さらに、迷いは、さらなる苦しみを生みます。だからこそ、苦楽を認識する心だけではなく、それを作る心の本質を見極めなければ、真に苦楽を脱したことにはならないということです。

このように、心の本質を知らず、苦しみの基準を決めているのは自分自身です。自身は分別する自分であり、自我であり煩悩です。そのようなことに振り回されない、その本質を理解し、余計な基準など作らない、持たない。それが、苦しみを思わないことです。払いのけて、ただ、一生懸命、成すべきことをすることです。しかし、体力には限界があります。そうです。それは、「疲れた、休もう」となります。それ以外の思いは、全て自らが作り出すものです。妄念妄想を捨て、よけいな考え、思いを排除して、あるがままの自分の素直な心を見ることです。それが、真実であり真理なのです。それ以外はすべて迷いです。迷いは真実と掛け離れた行いとなり、苦しみを生むことになります。

病気で腹が痛いときは、「イタイ、イタイ」に徹しきり、成りきるだけです。つい先のことを考え、重病を思うなどの思いは、余計なことであり、全て妄想で迷いです。さっさと病院に行き専門の医者に診てもらうことです。妄想するほど、苦しさが増し、認識は現実とは、ドンドン遠ざかります。

あるがままに静かに見つめ、一瞬、一瞬を通り過ぎさせ、断ち切り、心の中で関わらず、考えてもとらわれない。それは、「苦しくない」と、無理に自分に思わせなくても、常に現実を冷静に見て、環境に適応する自己が在れば、その自身の思いを客観的に突き放して、こんなものであると、あるがままを理解します。妄想するより、それにとらわれず、今、何をすべきか、何ができるか、行うべきことや、できることを行い、そのことに集中することで、苦しみを思わない。一瞬、一瞬に行えることを行うということが大切なのです。

今、現在の自分に何かできるとしたら、この、今の一瞬の思いや念による、行いだけです。

それは、日常生活の全てにおいても、自己の本質が空であると、認識して信じることです。全ては空であり、自我を入り込ませない、妄念妄想しないと念ずることです。

✤ 苦楽の本質

苦しみは自らが作り出すものですが、楽である安心や幸福もまた自らが作り出すものです。その楽とは、苦しみや不安などが無く、心が安らかであり、安楽なことです。それを我々は幸福とか安心などと呼びます。

では、なぜ苦楽の認識は生じ作られ、我々にそれを与えるのでしょう。それを決めるのは、自身であり、自我は自覚なしに自動的に勝手に判断します。

それは、外界の環境や境遇が働き掛けたように思われますが、外界は働き掛けるだけで、それを苦楽と認識するのは、自分であり自我であり煩悩です。ではその心とは、何かということになります。

『無門関』第二十九則　非風非幡《ひふうひばん》より

風が吹き、長い棒に掲げられた幡が、ぱたぱたとはためき動きます。

二人の僧が、その幡について六祖慧能《えのう》の前で法論をはじめました。

一人は、幡が動くと言い、一人は風が動くと言います。どちらも理にかなわず、慧能に言葉を求めます。慧能は言います。

「これは、風が動くのではなく、然りとて幡が動くのでもない。二人の心が動くのだ」

それを聞いて、二僧、驚き立ち尽くしました。


これは、幡が動くのか、風が動くのかを議論しても、意味はありません。いくら風が吹いても、幡が無ければ幡は動かず、幡があっても、風が吹かなければ幡は動きません。幡は主観を表し、風は客観を表しています。ここでは、幡が主観である自分、風が客観である環境ということになります。環境に自分が従うのか、自分が環境を従わせるのかという話でもあります。しかしその議論に、結論は無く、どこまでも続きます。幡や風が動くという事実を認識するのは心であり、その心が動くとは何かということになります。ここでは、風が動いても、幡が動いても、それは動くという真理に変わりはなく、慧能はここで幡か風かと、とらわれ分別して、心を失っている二人に、「心が動いている」と指摘して、心が何かを教えたのです。空とは、外的にもとらわれないだけではなく、内的にもとらわれないことを意味します。慧能は、それを二僧に教えたくて、心が動くと言ったのですが、二僧はそのことに気がつきません。ここで二人の僧は慧能に、「心は空であり、動くことはない」と、言わなくてはなりません。

それは、幡も空であり、風も空なら、心も空だということで、幡や風が動いても心は認識するだけで、心は幡や風にとらわれて分別はせず、分別をすると心は空を離れるということです。

そして、苦楽は、心が認識する意識であり、苦楽は共に空であると認識しても、心が苦楽を作ると確信すると、内的にとらわれたことになります。苦楽に心を取られない、さらにその心にもとらわれないことが、心の本質を理解し、苦楽を離れたということになります。

それは、苦楽のどちらにも傾かないという、空という心の本質を理解することを意味します。

解脱とは、苦楽を感じない、何も思わないところにあり、それが涅槃だと言います。

特別な苦楽を感じないところに、本当の幸せがあるのです。それは、苦楽を思う心の本質は空であり、とらわれるもの無くして、その両方をあるがままに思い、対立せず苦でも楽でも無いところに、心があり、そこに心を置くということになります。禅では、苦楽のどちらに傾いても、それは迷いであるとしています。

✤苦楽を生きるとは

そして、毎日が平穏でも、苦楽を思わぬ人はいません。常に色々な思いが、交差します。人と比べて、優越感を持ったり、逆に羨んだり、劣等感を抱きます。

色々な思いが生じるのが現実です。苦楽の楽の思いを求め追求したり、苦の思いを全て否定して、断じるというのは、実は間違いなのです。それは、欲望や煩悩を否定して、禁欲的になり何も要らない、何も求めないという極端な間違った考えとなり、非現実的な生き方となります。苦楽は共に在るというのが道理です。

苦しみが在るのが、この世界ですが、楽しみも在るのが、この世界です。楽を無理に否定する必要もありません。楽しい時は楽しめば良いのです。趣味で欲しい物があれば、求めれば良いし、行動も自らの考えや思いに従い、自由に色々行って楽しめば良いのです。無理に自分を押さえつけ、楽しみを否定し、自由を失っては、自分らしさも、個性も失われ、意味がありません。

問題は、全ては求めても、執拗に何時までも、とらわれないことです。

また、ことさら、現在の環境以上の生活や、以下の生活をする必要もありません。要するに、今ある環境で、安心や満足、幸福感を得ることが一番の近道です。そこには、苦しみばかりでなく、楽しみも在るのが、本当の姿です。あるがままの環境で、きちんと環境に適応することです。

それは、常に現状に満足しなさいと、現状維持を強制するものでもありません。環境の改善が必要なら、改善を積極的に行うことです。結果、どのような環境に在ろうと、環境に適合し、とらわれないことです。それでなければ、個人も社会も活力が生まれず、発展性が無くなります。

それを踏まえ、幸福や安心を求めるとは、平常心が日常でも保たれていて、常に普通に在ることを意味します。そして、苦や楽にとらわれることは、煩悩にとらわれることであり、迷いの元であるから、とらわれるなとは、木や石のような無機物人間になれということではありません。苦や楽は、それを一概に否定したり、拒否するものではなく、苦や楽が来れば、悲しんで泣いたり、楽しくて笑ったりすることが自然なことです。

泣いたり笑ったりあるがままにして、とらわれず、いつまでも引きずらず、思いを即座に切り離すことです。心に生じる全ての思いは、生じるところに苦楽は無く、留まらせるところに苦楽が生まれるのです。例えば、誰かが自分を中傷したとしても、その言葉を心に留まらせれば、苦が生まれますが、そのまま通り過ぎさせ、言葉に引っ掛からなければ、心は動かず苦は生じません。

苦しみが来れば苦しみ、悲しみが来れば泣き、楽しみが来れば楽しみ、面白ければ笑い、そして、一瞬が断ち切れていて続かない、それが苦にも楽にもとらわれず、苦楽を思わないことになります。それが仏法が示す、心の安らぎを得て、動ずることのない境地、真の幸福と安心を得る法理です。

最近、禅的生活が素朴で質素な生活であり、それが良いと考える風潮があります。しかし、禅が求めるありのままの生活とは、質素倹約を目指し進めるものでも、それを理想とするものでもありません。

常に環境と融合して、個人の身の丈に合わせた生活をすることで、苦を脱しなさいと教えているので、質素倹約を奨励しているわけではありません。

そして、質素倹約が本来の我々の生活であるとしていますが、さんざん、近代文明を今まで使用し享受していながら、それを否定するのも、おかしな話です。意味の無い質素倹約は、単に身体を苦しめる苦行修行と同じことで、仏陀もそこからは、真理は得られないとしています。欲望や煩悩を拒否したり、押さえ付けたり、断つことでは、苦しみの問題は解決しません。

空を徹見し、悟らなければ、苦楽を本当に理解することはできず、どうしても観念上の理屈や分別となり、その場その場の環境の変化に引きずられ、苦楽を生じる心は留まるところがありません。それができないとすれば、悟りが無くても、心の本質を理論的にでも理解し、一時的でも心を平常な所に置くことです。全てを拒否して、遠ざけるなど、初めから無理な話であり、新たな苦が生じるだけです。

自分の生活にふさわしい、清楚な生活を心がけ、身体をいたわり普通に暮らすということです。

もし、求める物が本当に必要なら、仮に値が張っても、求めるべきでしょう。「安物買いの銭失い」という言葉もあります。何も求めないというのではなく、必要なときに、正しくお金が使われるというのが、本当の質素倹約です。近代文明を使用しても、生活に必要無いものは、いらない、というのが本当でしょう。一方でそれを謳歌して、一方で否定するのは、嘘つきです。ほど良く調和することです。また、都会の雑沓を嫌い、山海に住み、自分だけが静かで平穏な生活を求めるのも、真の禅者の生活ではありません。自他は一つであり、仏教は智慧と慈悲です。大都会の中にいて、ドロドロとした人間関係や矛盾だらけの社会にあって、自らも泥にまみれて、もがき苦しみながら、自己を見失わないところに本当の禅者の生き様や面目があるのです。

深山幽谷に在って、自分は特別な者となるのは、道教や仙道であり、仏教ではありません。本当の安心とは、あるがままに普通にありながら、苦楽を乗り越えるところにあるのです。

✤不安を滅する

「過去を追うな。未来を願うな。今日熱心になすべきことをなせ」（『中部経典』）

過ぎた過去に、こだわり悔やみ、苦しみ、まだ見ぬ未来を思い案じ、不安を感じます。過去と未来、そのどちらを思い、考えても意味がない、現実は全く違うということです。それなら、今という一瞬に、余計な意識にとらわれないで、全ての思いから離れ、今、できる事、成すべき事を成すのです。

我々は日常において、これから生じる出来事に、希望を感じたり、漠然とした不安を感じます。希望は、心にやる気などの力を与えてくれますが、反面、挫折という苦しみを与えます。

それが、漠然とした不安や恐れとなり、心配や悩みから、気持ちが落ち着かず、我々を苦しめます。不安というものが、どうして生じ、どこにあるか、不安を除くには、どうしたら良いかを公案が教えます。

『無門関』第四十一則　達磨安心《だるまあんしん》より

達磨大師に弟子の慧可が尋ねます。

「私は安心が成りません。どうか、私が安心できるように指導して下さい」

師は言います。「そうか、それならば、その不安の心を持って来い。そうすれば安心させよう」

慧可は、一生懸命、その不安の心を探しました。しかし、いくら探しても見つかりません。

慧可は師に言います。「不安の心を求めましたが、どうしても、探し出すことができません」

大師が言います。「汝のために、示す。不安の心がどこにも無いということが解ったら、それが安心だ」

元来、心は空であり、そこから我々が作り出す不安は、何処にも実体が無いものを妄念妄想により勝手に作りだすのです。自分で作ったものに自分がとらわれ、苦しめられるというおかしな話です。いくら論理を詰めても、心の中を探しても、無いものは無いのです。そして、

「不安の心がどこにも無いと、本当に解かったら、それが安心ではないか」と大師は言ったのです。

つまり、不安や苦しみにとらわれ、固執して考え込むと、それは、心に何時までも留まり、時間とともに増長して苦しみを生むのです。ここで勘違いしてはいけないのは、文章にすると、頭で理屈を組み上げ、不安は無いと、理解したことになる点です。それは違います。心の中は何もない無であり、空であることを慧可は、師の一言で体験的に理解し、その場で悟りを得たのです。色々と考えを巡らし、気づき理解したとの話ではありません。

さて、我々は、過去を思い、あの時こうすれば良かったとか、後悔の念にとらわれ、苦しみますが、それは過ぎ去った過去であり、何の価値も無いことです。過ぎ去った過去は、自分が思うほど、他人は気にはしないし、気にとめません。

また、未来も我々は悪くなる方向に考えを巡らしますが、必ずしもそのようにはなりません。そのような思いや考えは、間違いであり無駄なのです。そのような思いや考えが頭を過《よぎ》るとき、考えを巡らさず、サッサと忘れてしまうことです。いくら悔やんでも、過去は変えることはできません。無駄な苦しみを生むだけです。しかし、どうしても不安や心配、恐れや悔やみが生じるのが我々です。

それが、自分が作った、まぼろしや幻覚のようなものであると理解したら、一念一心をもって思いを振り切ることです。物事は全て、頭で描いた妄想のようにはなりません。

現実は、妄想と全く違ったものであることを、よく見て理解し、対処しなくてはなりません。そして、物事は、楽観しても、心配しても、成るようにしか成りません。物事に備え準備することは必要ですが、妄想を膨らませることは、間違いなのです。

✤ 福徳と安心

さて、仏教では、あらゆる行為は、必ず自分にやり返されるという因果応報を説きます。世の中には、さしたる人格も無い人物が福徳に恵まれ、大金持ちになったり、不釣り合いな地位や立場に立ちます。生じた福徳は因果の結果、たまたまということもあり、その人の人格とは全く関係無く、因果の結果であるがゆえに、いつか尽きるという話でもあります。尽きると人は、恨めしく思い、他人は没落したと言います。そして、この世界は、常に移り変わる無常が原則であり、繁栄と衰退は繰り返すのが法理です。

福徳を得ることと、真の安心を得ることは、別なのだということです。

仏教は解脱を目指し、真理を明らかとして、悟りの向上や完成を求めますが、それは、行動として示され真理が身に付くという、人格の完成が無ければなりません。それは、単純に何か善行をして、御利益を求めるという話ではなく、また、単に倫理や道徳を守るとの話でもありません。

全く別なことであり、仏教は、人間として、人生の在り方や目的、生きざまを仏が問うているのです。

『碧巌録《へきがんろく》』第一則　達磨廓然《だるまかくねん》より

菩提達磨《ぼだいだるま》と梁《りょう》の武帝《ぶてい》の対話です。

西暦五百年頃、菩提達磨大師はインドから中国へ、仏教を伝えるために渡りました。その当時、中国南部を統治していた梁の武帝は、深く仏教に帰依《きえ》し、仏教の発展に力を尽くしていました。インドから、大変高名な僧がやってきたと聞き、武帝は達磨を呼び対面し質問しました。

「私は即位して、数え切れないほど寺を作り、経を写し、僧に出家させたが、どれほどの功徳があるか」と。

達磨が答えます。「無功徳《むくどく》」

「それでは功徳とは何か」

「浄智妙明《じょうちみょうめい》にして、体おのずから空寂《くうじゃく》」

「では、聖諦第一義《しょうていだいいちぎ》、仏法の第一義とは何であるか」

達磨が答えます。「廓然無聖《かくねんむしょう》」

「そなたは何者か」

「不識《ふしき》」

武帝は達磨大師の言葉を理解できず、達磨大師は武帝の元を去り少林寺に留まった、とあります。

まず初めに、武帝が、「私は即位して、数え切れないほど寺を作り、経を写し、多くの人を出家させ僧としたが、どれほどの功徳があるか」と、達磨に尋ねます。

達磨は答えます。「功徳など無い」と。

これは、武帝の行いに「意味が無い、何も無い」と、解釈してはいけません。達磨が答えたのは、善行を行い、良い果報や、沢山の福徳などの功徳を得ることに大層な意味はない、もっと大切なものが在るということです。しかし、武帝はそれを理解できません。元来、禅宗の僧侶は、このように簡潔的な受け答えをします。それにしても、達磨大師は、一刀両断に切り捨て、ずいぶん高飛車で偉ぶった態度です。武帝は、権力者であり、決して悪行を成したわけではありません。

一方、達磨大師は、当時インド仏教を代表する高僧であり、生まれも釈迦と同じ、一国の王家の生まれであり王子です。全ての面で武帝を超えており、武帝の、権力者然とした態度に、反感を持ったのかも知れません。

「それでは功徳とは何か」と再度、武帝は尋ねます。

「福徳を得ることより、自己を明らかにして、その浄らかな智慧が、完全無欠であることを知り、さらにその本体が、**空寂無相**《くうじゃくむそう》であることを知り、苦を脱するのが、本当の功徳である」と、言います。

さて、ここで言う功徳とは、どういうことか。福徳を得ることが功徳なら、福徳は因果の法による働きだから、いくら行ってもいつか尽きる、尽きると人は不幸と感じます。真の功徳とは、そのようなことではなく、自己を明らかにして、その自己はどこまでも空寂無相であると諭すのです。これが本当の功徳だと、達磨は示したのです。本当の功徳という優れた徳性は、自己の本性の中にあり、布施や供養で得られるものではありません。それは、因果の法が及ばない、関係ないことなのです。

真の功徳は自己を明らかにして安心を得て、真理に沿う自在な自身を得ることでもあります。因果の法により生じる福徳は、必ず尽きるもので、一時の気休めでしかありません。安心を得ることと、福徳を得ることは、全く別なことであると、菩提達磨は武帝に示したのですが、武帝は理解されませんでした。

「では、仏法の最高の法は何であるか」と、続けて武帝は尋ねます。

その答えである「廓然無聖」の廓然とは、カラリと晴れた空、雲一つ無い心境、そこには、聖も俗もない、という意味です。次に、無聖とは、悟りの世界は、悟りも無く、悟った人もいない、全ての対立、分別から離れた境地を示します。達磨は真空《しんくう》を、そして大悟を示したのです。

さらに、達磨は何者と問われ、名前は忘れた、無我の自己が在るだけと「不識《ふしき》」と答えたのです。

この話から解ることは、政治家、高級官僚、学者、医者、大会社の社長など、社会的優位な立場にある者が、必ずしも人格者ではない、ということです。彼らは確かに、頭も良く、勉学においても幼児期より家庭教師が付き、十分に経済的に恵まれた環境に育った者達で、仏教で言うところの福徳に恵まれた人々です。それ故に、知識はあっても、智慧は無く、この世界の何たるかをほとんど知りません。

それは、彼らの多くが、宗教心が全く無いことからも明らかで、その弊害も近年、顕著な形で、出てきています。彼らを、むやみに尊敬したり、憧れたりすることは、この辺で止めた方が良いでしょう。

このような者が、今の平成の時代に珍重されるのも、昭和の間違いが継続されている証明でしょう。法律に触れる以前に、下品で、下劣なことはするなと、皆が言わなくてはなりません。

その後、武帝は、達磨大師が、その地を離れることを引き留めませんでした。家臣が、武帝に引き留めるように懇願し、引き留めようと、達磨大師の行方を捜しましたが、時すでに遅く、その地を離れ少林寺へと旅立った後でした。

武帝は、中国の歴史の中では、ひときわ名君として名高い皇帝でしたが、臣下に裏切られるなどして、最後は幽閉され牢獄で餓死し、王朝も長くは続かず、ほどなく滅びました。

第八章　坐禅と葬儀

✤仏教と葬儀の関係

まず、現代、日本仏教や禅宗を知るには、避けて通れないのが葬儀です。葬儀を抜きにして現代社会と仏教の関係は無く、改めてこれらを考えてみます。

現在、日本の宗教は仏教が主です。しかし、現代人が仏教と深く関わりを持つことも無く、その教えについても、よく知られず、そのため、仏教と言えば葬儀や供養である、と思う人が大半です。確かに、葬儀も供養も仏教の一部です。しかし、現在仏教は、そこにばかり偏り、そのことが、現代人に間違った認識、観念を与えています。

そのため、寺は、葬儀のための会館を持ち、経は葬儀や供養のための意味不明な呪文となり、僧は一部で葬儀屋と同等の立場となってしまいました。

一番の問題は、仏教を社会が学ばない、仏教が精神的基盤とならないことで、教えが隔離され、社会全体が無宗教のような状態になってしまったことです。そのため、仏陀と神が混同されたり、仏教の目的や簡単な教えですら、現代においては、親も、学校の先生も誰も知らない、子に教えられない、というのが現実です。

私は、二十代の若い頃、米国に観光旅行に行きました。

そこで、日本からの留学生と友達になり、ユタ州のソルトレイクでモルモン教のミサを見に行くことにしました。その教会では、五百人ぐらいが入れる大ホールに、人が満員状態でミサが行われていました。約二時間ほどでしたが、雑談する者など無く、粛々とミサが進行して終わりました。私は、その在り方に、米国人が持つ戦勝国の自信と力強さに恐ろしさを感じました。

物質主義の米国にあってもその本質は、そうではなく、宗教という教えに価値を認め、行動することと知ったからです。そして、そのような価値観を持ち生きることが、いかに人間性を高め、忍耐強く、多くの者を感化させる力を持つかを知るからです。

米国という国の基盤は、金や物質、権力ではなく、信仰であると知りました。

日本も、いつまでも仏教をなおざりにして、教えを無視することはできません。我々は、今こそ仏教の教えに学び、従うべきでしょう。我々が、今欠けている、必要としているものが、ここにあります。

それを知らず、米国社会の豊かさだけを見て、戦後我々の社会は、価値観を変化させ、金銭や物資を求め、物質主義や拝金主義が横行しました。しかし、そこには我々が求める安心や幸せが無いことを、最近は利口な多くの者が、気づいてきました。いまこそ、仏教の教えや真理を戻すときでもあります。

社会が、宗教という精神的基盤を持たないことは、社会の崩壊にも繋がります。

そして、僧侶は葬儀の場だけではなく、本来の役割を果たし、日常においても、自らも仏道を実践し、法や教えを明らかにしなければなりません。そして、どのような形でも、受けた布施は、何らかの形で返さなければなりません。

僧侶は、葬儀や供養だけの葬式坊主であってはいけません。そして、葬儀や供養をする側の在家信者も、仏教や僧侶が、葬儀や先祖供養のためだけに在ると思ってはなりません。仏教も僧侶も、典礼会社や墓地管理会社ではなく、その手先でもないのです。

そして、現代では、葬儀はより合理的で、手早く行われることが求められ、葬儀自体が儀式化することで、人が死ぬことの現実感や無常観をあまり感じなくなっています。人は、現代医療のおかげで、長寿となり死が身近でなくなったため、何時までも生き続けると、勘違いしています。

しかし、新聞を見ると、確実に毎日多くの人々が亡くなっています。

葬儀は、それを教える場でもあり、誰もがいずれ、そうなることを認識する場なのです。

それを、言葉でなく、体験として、教えるためにも、幼い子供達が葬儀に参加することは、大切なことです。亡くなった親族の顔を間近に見て、共に骨を拾うことで、死はゲームや映画、テレビのようなものではなく、もっと切実に直接、心に訴える現実であり、事実だと知るからです。

それを知り、納得し理解するには、高尚な理論や理屈が必要ではないということです。

しかし、一部の老人は、「死ぬことで、他人や息子、娘に迷惑を掛けたくない」との考えから遺言書を残し、葬儀を省略し、お墓や寺を求めず、散骨を望む者もいます。それは大きな間違いです。

死んだ後、そのような処置を望むのは、生前の自分の言動によほど自信が無いのか、または天涯孤独の身の上で、さらに死んだ後の行き先も明らかで、供養の必要が無い、と思っているかのどちらかです。

もし、前者であれば、死んでその処理に人の手を借りることは、子供や親族、関わった人にとって迷惑でも何でもありません。むしろそのことで、死を見つめ、自分の死を知り、仏教の意味を考える切っ掛けにもなります。また、見方を変えると、葬儀や納骨を行い、手伝うことは、相手に功徳を積ませているとも言えます。また、理屈無く人の死を悲しみ、積極的に故人を弔いたいと思う人も大勢います。それが、息子や娘の立場であれば、なおさらでしょう。

そして、遺言書などでそのように簡略に処置されることは、亡くなった本人はそれで満足でしょうが、残された者の心情を考えると、寺も、墓も何も無いのは、供養したくてもできない、それは寂しいことです。残された者に、そのような愛情の無いことはするべきではなく、後に遺族を苦しめることにもなりかねません。葬儀をしないことは後に、そのことで友人や遺族に、金銭には代えられない遺恨を残し、そのことを何時までも引きずり、苦しませることにもなりかねません。

また、親族も無く、この世界に何の思いも執着も無く、自分の行き先が解っている者には、一切の供養は必要ありません。しかし、そのような人物は現代では、非常に稀であり、ほとんど存在しません。

✤直葬《ちょくそう》や家族葬と散骨

一昔前は、葬儀は家の格式や、会社の繁栄を世間に知らせる、一大行事であり、小規模に済ませると、その家は没落した、会社の格が落ちたと思われるため、無理にでも大規模に行いました。

しかし、最近の葬儀は、少しずつですが変わってきました。

直葬や家族葬、散骨です。高齢化と少子化が大きな原因と思われます。

仏教は、それを必ずしも、否定するものではありません。

直葬とは、通夜や告別式などの儀式の一切を行わず、遺体を自宅や病院から直接火葬場に運び、火葬にする方法です。そして、火葬場の炉前で葬儀である授戒や読経などが行われることもあります。特定の寺の檀家とならなくてもよく、その後も、特定の寺院との付き合いも、必要ありません。

これが、もっと普及して一般的になれば、葬儀や寺院の在り方も将来、変化するかも知れません。

現実的に見ると、長年老人ホームや病院にいて、長寿になるほど会葬者は息子や娘だけとか、身寄りが無く、ホーム関係者だけ、ということになるのも当然なことです。葬儀も供養も簡単に済ませられ、人の死は単純に遺体の処理が成されるということになります。しかし、人の心は仮に他人であっても、葬儀に携わると、それでは収まりません。後に悔いを残さないためには、火葬の後や、納骨時にでも簡単な葬儀を行うべきで、会葬者がたとえ一人でも、一向に構いません。また、それに応じる僧侶や葬儀屋も、探せばおります。無理に華美な葬儀をする必要はありません。亡くなった人の魂は、しばらくそこに留まり、その後の葬儀などのようすを上から見ていると言いますから、油断してはなりません。また、葬儀を行えば親族に後に、変な遺恨も残らず、それに伴う悔やみも生じません。

また、葬儀は、家族だけが自宅などで小規模に執り行う、家族葬でも良いのですが、生前、社会的立場が高く、交際も広い人の場合、後に色々と問題も生じます。

ある家族は、生前、亡くなる本人の希望もあり、葬儀は、自宅で身内だけで行いたいと思い、実行しました。普通に考えれば、彼のように、町の著名人で現役時代、指導的な立場にあった者は、寺や会館などで何百人も集め葬儀を行うのが一般的なのですが、あえて自宅で行いました。

葬儀は近親者のみで行う予定でしたが、そのようなことは、いくら隠しても、自然に皆に知れわたり、自宅に入りきれないだけの大勢の人が集まり、多くの人が玄関や庭先で通夜、葬儀に参加することになりました。その後も、時が経つほどに、「なぜ私に、知らせてくれないのだ」という苦情を、大勢の人から言われたそうです。また、葬儀に参加しなかった大勢の人が、葬儀の後、供養に自宅に押し寄せ、その応対のため半年ほど、外出できなくて大変困ったそうです。

年老いて、世間から忘れ去られた老人が、近親者だけで、自宅で家族葬を行うのは良いのですが、やはり生前の故人の活躍や地位にふさわしい、それなりの葬儀を行うことが求められます。

葬儀は、必要以上に豪華でも、質素でもなく、生前の故人の社会的立場に合わせて、一般的に行うようにすることが、実は一番安心で、経済的でもあるのです。

そして、葬儀も墓も必要ないとの理由の一つとして、金銭的なことがあると思います。しかし、立派な戒名や豪華な葬儀を望まなければ、それなりの簡素な葬儀はできます。実際には、世間一般が行うように、それなりに普通にするのが、遺恨も残らず、実は一番安上がりなのです。

また、守るべき子孫がいないのに、高額な墓を求めるのも止めた方が良いでしょう。墓地に行くと、お参りのない墓が沢山あります。色々と理由があり、そうなっているのでしょう。そうならないためには、身近に、交通の便の良いところに墓を求めるか、もしくは、見栄を張らず、寺の納骨堂でも十分と思います。納骨堂の場合、寺が管理しますから、身寄りが亡くなり無縁となっても、寺がそれなりに供養し、整理してくれます。

また、同じ理由で散骨を望む者もいます。一時期、散骨が良いと新聞などで盛んに奨励されましたが、実は散骨は、残された者に大変な負担を、肉体的にも、精神的にも、かけることになります。

それは、散骨は海や山に骨を撒きますが、海や山のどこにでも好き勝手に骨を撒くというわけにはいかず、決まった場所に散骨するからです。そこは当然、我々の生活圏から離れた場所ということになり、海であれば舟で何時間も掛かる漁業権の及ばないところであったり、山なら山の奥深くということになります。後日そこへ、個人でお参りに行くには、交通費なども高額となり、時間も丸一日必要となります。そのため、気軽に何回も行くことはできません。そうなると、散骨後、個人では、なかなかその場所に行って供養をすることはできません。盆などに、他の多くの散骨者と、そこへ行くことになります。交通費その他諸々を考えると、墓を建てたり寺の納骨堂に納骨するより、はるかに手間も時間も掛かり、何回も行くことで相応の金銭も必要となります。

故人は、それで大満足かも知れませんが、遺族の心情や手間も、思いやらなくてはなりません。

むしろ、最近では市町村が独身者などのために、合同慰霊碑を用意しており、市町村の住民であれば誰でも、納骨できるようになりました。

納骨の後、何時でも、供養に行かれ、身寄りが無い人でも、市町村で供養が行われます。

残された遺族の心情として、供養したい、近くで見守ってほしいと思うほどに、遺骨は手元に、近くにあってほしいと望むものです。そうすると、こちらの方が、お勧めかと思います。

そして、ここが大切なところで、葬儀や供養、納骨の一連の行動は仏事であることです。

仏事は、必要以上に合理的にする必要は無く、また、基本的には、儀式や作法に、ことさら意味を持たせランク付けをして、金銭的な価値を図るというようなことは、基本的にしてはいけないことです。

葬儀をはじめ一連の儀式は、死を正しくとらえることで、死者に死を知らせ、残された者の苦しみを和らげ、死と向き合うことで、我々が持つ他人への思いやりや感謝、尊敬、優しさ、正しさの存在を認識することなのです。

そして、単に死を悲しいと、感情的にとらえて流されず、事実を正面から受け止め、常に移り変わる無常の真理を認識して、今日を生きることでもあります。

✤ 葬儀の歴史

葬儀は死者の枕元で唱える、枕経から始まり、一連の儀式は、一般人には、なんの説明もなく、通夜、本葬、骨揚げ、忌中引きと行われ、遺族の意志とは関係なく、短時間で終了します。遺族、会葬者は、故人の死に対し、悲しんだり、驚いたり、心の整理がつかないまま、葬儀終了となります。大金を使い、結局残ったのは、位牌と小さな骨箱に入った骨のみです。その儀式の内容を簡略に説明すると、お釈迦様の死が、絶対的な安らかな死であったとのことから、葬儀は、全てお釈迦様の葬儀に、なぞらえて行われています。

式場に祭壇を作り遺体を置き、死花を並べたり、式の最中、松明に火をつけ、お棺に投げ入れ（現代では棒の先に赤い紙を付けた物を棺に投げる）火葬するなどは、全て仏教伝来以降のことです。その前は、殆ど土葬でした。

それでは、古代インドでお釈迦様の葬儀はどのようにして行われたかというと、その葬儀は遺言で「自分の葬儀は在家信者がとり行い、出家はそのようなことに関わらず、修行に励むように」と、言い残し、そのようにとり行われたとあります。

以後、当初は僧侶は葬儀に関わらないのが、基本でした。しかし、インドから中国、日本と伝わってくるに従い、その国や、地方の風習と深く関わりを持ち、相反することなく、仏教はそれらと融合し、発展してきました。仏教は大変、包容力のある、穏やかで自由な宗教です。

日本では、当初、仏教伝来時、時の権力者のために、祈禱、占いを行うことが、主な仕事でした。時代が進むに従い、時の権力者から民衆に信仰が広まると、その土地の道祖神や先祖崇拝などの風習と仏教が融合し、葬儀や先祖供養と深く関わる、日本独自の仏教が形成されました。

私が、本山僧堂に修行に行った時、仏教とは何ら関係無いと思っていた、野外の道祖神に、年に数回、雲水全員でお参りにゆき、経を唱えることに驚きました。他の宗教では、決して行われないことです。

仏教では、全ての神は、仏教を護持する者であると、考えるのです。

また、中国においては、仏教は独立した宗教団体となり、僧侶の労働を許しました。そのまま伝来された日本の仏教も同様の解釈上にあり、現在、僧侶が行う葬儀や先祖供養などの全ては、その考えの延長線上にあります。それは、葬儀も供養も、それを行う僧侶や信者にとって単なる儀式ではなく、仏法修行の場であるということになったのです。

しかし、現在、葬儀や供養は単なる儀式となり、僧侶の生活のため、またはそれ以上のことになってはいないかとの疑問も生じます。その判断基準は難しいところですが、現在、何百年もそうして社会に受け入れられてきた現実を思うと、一概に批判も否定もできません。

社会という大きな組織や多くの人がそれを許すなら、このままで良いのでしょう。

またこの問題は、遠い昔の江戸時代、徳川幕府の作った檀家制度、宗門人別帳制度が、葬儀や先祖供養を仏教や僧侶に強く結びつけたことから始まったともされています。

しかし、その当時は現代のように、葬儀や供養だけの関係ではなく、檀家制度に取り込まれながらも仏教の教え、考え方、行動の全てが、貴賤の別なく、社会や生活に深く関わり、皆に知識としても、教えが普通に浸透していました。そして、江戸時代から仏教は、権力と深く関わったことにより、一部で堕落したものとなったとあります。

さらに戦後、仏教は、葬儀や供養に特化され、教えは全く一般社会に伝わらず、葬儀と先祖供養だけのものとなり、大変残念ですが、教えは形骸化してしまいました。

✤葬儀や供養を行う意味

また一方に、葬儀や供養は、仏教がとり行う儀式でなければ、死者が成仏できないとしていますが、それは間違いです。最近では友人葬とか、色々あります。

では、仏教が葬儀や供養を行う意味は、どこにあるのでしょう。

儀式の意味は何も知らなくても、故人に対して花の一本も献げて供養したい、故人を安らかに向こうの世界に送ってあげたいという心、願いは、仏教の求めるものであり、この心が我々が持っている、自己の現れ、仏性なのです。だから、それが形式的な葬儀や供養であれ、意味があると考えます。

しかし、宗教の力を借りなくても、亡くなった人は、自分の死を自覚することで、誰もが成仏し、向こうの世界に行くことになっています。また、人は他の人の死に対して、誰でも悲しみと、感謝の心を持ち、悲しみは長い時間をかけて、理解し受け入れ、それなりに納得するものです。人間の心とはそういうものです。亡くなった人を敬い、感謝を献げ大切に思う心、その心は仏教の求めるものですが、葬儀そのものは、単なる儀式です。

儀式はどんなに豪華で綿密に行われても、苦を脱して安心を得るという仏教本来の目的とは関係ありません。ことさら、豪華な葬儀や供養は必要ないということです。

では、仏教による葬儀や供養は、本当に必要ないかと問われると、一概に必要ないとは言えません。葬儀も、その後の、初七日、四十九日、一周忌、その他の供養も全て意味があるからです。

まず、仏教では死んだ人間は、生まれ変わります。葬儀や供養は、亡くなった人の、次の転生の縁を繋ぐ、手助けになります。また供養を行った、遺族や知人の悲しみを和らげ、安心を与えてくれます。そして、葬儀や供養に関わり、行う人全てに、福徳が与えられることになっています。

福徳とは、一般的には幸福と人徳を意味しますが、ここでは、幸福と仏の加護を意味します。また、それとは関係無く、それを求める社会のニーズもあり、とりあえず世間一般が行うようにすれば、体裁も保たれます。

そして、仏教は、詰まるところ、個人の問題であり、教えは社会や寺や僧侶がどうあろうと、関係無く普遍的なものであり、個人に安心と幸福を与え、常に真理に沿って、変化して動いています。何時までも、今の形で葬式仏教が続くということも無く、保証も無いはずです。将来、どういう形が正しいのか、どうなるのかは、誰も知りません。ただ、今のように葬式仏教一辺倒でなく、本来の目的に立ち戻る方向がもう少しあっても良いと、思うのです。

✤仏教の持つ普遍性

しかし、時代がどんなに変わろうと、仏像や寺、経が無くなろうと、僧が堕落しようとも、仏教の本質は変わることも、失われることもありません。それは、仏教が他のことでなく、自分自身の心のことであり、求めることで真理を示し、心の在り方を教えるからです。

また、中国から日本に仏教が伝わってくる、その間も仏教は何度も弾圧されてきました。中国では、達磨大師が仏教を伝えた、次の二祖慧可禅師の時代、北周《ほくしゅう》の武帝（西暦五六〇〜五七八）から大弾圧を受け、寺は破壊され、僧侶は還俗させられ、教典も仏像も焼かれ、一部の僧侶は弾圧を逃れるため、山の中に逃げ込みました。

仏像も無く読むべき経も無い状態で、ひたすら樹下石上で、坐禅をして仏教を広め護持したと言います。またそのことが、逆に中国各地に禅宗が広まる結果になりました。中国は、一時期、仏教が国家の宗教でしたが、結局、仏教は定着しませんでした。それは、中国人の国民性や気質もありますが、国家権力の介入が大きな原因で、中国では仏教は何度も時の権力者により、迫害、弾圧され、時代とともに衰退しました。また近年でも、文化大革命時に、多くの寺院や仏像が徹底的に破壊され、僧侶が強制的に還俗させられました。

古来、中国は、儒教の国であり、儒教は、主に倫理、道徳を教えますが、他にも漢字を学習する教科書としての意味合いもあり、昔から漢字を学ぶ上で、欠かせないものとなっています。そして、仏教と大きく異なるのは、封建制を認め、差別社会を前提とした倫理や道徳であり、それを正義だとしていることです。それは昔も、現在の中国でも変わらない社会の構図で、儒教は大変権力側には都合の良い、実に便利なものなのです。

また、今の共産党政権の中国の、国情に合った教えでもあり、過去から、何千年も続いている権力構造であり伝統です。そのため、現在の中国では、国策としても、平等を教える仏教と、相反するものとなり、仏教は弾圧の対象になりました。

現在の中国のチベット仏教に対する弾圧、迫害を知るほどに、現在も中国の仏教弾圧は続いていると思わざるを得ません。そして、現代中国では、多くの矛盾も生じているように見えます。

日本でも、明治時代に仏教は弾圧され、寺院や仏像が破壊されています。戦後もあからさまではありませんが、教えが社会的に無視されてきました。しかし、仏教はどんなに弾圧されても、衰退はしても、日本でも中国でも、全く無くなることはありません。それは、仏教が個人に、安心を与えるだけでなく、物事の真理を示し、個人の人格の向上を求めるからです。

その昔、インドから中国に、達磨大師が、西のインドから東の中国に至り、禅宗を伝えました。

しかし、中国では時期尚早との考えから、拳法で有名な少林寺で九年間、坐禅に明け暮れ、一切の布教活動は行わなかったそうです。

そのため、最初は弟子は数人でした。その後、中国で禅宗は隆盛を極めますが、現在は前記のような理由で、その勢いはありませんが、一部の寺院や僧侶は残されています。

仏教はその後、日本に伝わり、現在に至っております。仏教といえど栄枯盛衰から逃れられません。しかし一人でも、その本質を理解する者がいれば、伝わっていくものなのです。特に禅宗は、教えを文字に頼らない、経や経論にも頼らない、教えは人から人へと直接伝わるとしていますから、文字や経が無くても、教えは人から人へ伝わることになります。

禅宗の教えは、その人自身の心中を指し、自らの中に在るものを基本としていますから、決して無くなることはないのです。

しかし近年、日本でも、その本質が失われつつある事も事実です。

✤ 仏教教義と坐禅

形骸化した原因は戦後、仏教が葬儀が中心となり、法理が正しく一般社会に理解されなかったことにあります。それは、敗戦による仏教界の萎縮もあり、何より戦争当事者達の宗教への責任の押しつけ、特に教育界の偏見や弾圧があって、多くの人々に混乱や矛盾を生み、苦しみを与えたためで、それが今も続いています。また、テレビや新聞などのマスコミも、学問としての仏教の追究をするあまり、本質を見失い、そこに登場する、学者や僧侶の話は、学問として、ことさら難解にして、一般人には理解不能な、難しい数学の方程式を説くような話ばかりすることになりました。

それは、意識的に特権を守るために、そうしたところも感じ、日常生活とは無縁なものとなりました。

元来、経や仏教書は、漢文が多く、言い回しも難しく、部分的に見ると、相反することを述べていたり、仏教用語も難解を極めます。さらにそこに、難解な論理を印象付け、仏教を話すのでは、聞く人を益々、理解不能にします。

しかし、仏教は解らないままに、理解することも大切です。学校の勉強のように専門書を読み、知識を積み上げ、理解することとは、全く意味が違うからです。

経や仏教書を読むことは、単に知識を得ることでは、ありません。それは、解らないままに理解していれば、何時か理解されるものなのです。なぜなら、真理が心に残るからです。また、解らないから、役に立たないとの思いも間違いです。仏教は哲学や科学、経済と違い、理論の適合性や物事の合理性、便利性、正確性、法則性を求めてはいません。ただ、心を求め苦や不安を取り除き、人の在り方と、幸せを説くものなのです。

さらに、求めようとすれば、経や書籍や人の話に頼らず、坐禅を行うことです。誰もが、坐禅に挑戦して、悟りを開くことを求めます。それは、悟りが教義や論理、記憶や判断ではなく、宗教体験であり真理が、より深く明確に理解されるからです。

しかし、経や書籍や人の話で仏教論理を知り、悟りを求めなくても、自分の心を求め、心とは何かを知るだけでも意味があります。知ることで真理を理解して、一時的でも苦しみから離れられるからです。さらに、坐禅を行い継続すれば、心は安定し悟りを得ます。仏教が求める究極の真理とは、知識や論理ではなく、悟りを得ることです。さらに、悟りを過程として、正しい行いが、行動がなされることです。仏教とは、教えに従い行動することなのです。

道元禅師もこの逸話について論じており、「わかる」と「できる」とは全く異なると、示しています。仏教は論理を詰めることではなく、何より身になる正しい行動が求められるのです。それは、僧侶でなくても、少し気の利いた道理を解する社会人であれば、宗教に関係無く、心がけている人も大勢います。そして、道を知るだけでも、価値観が変わる人もいます。

なかなかそうなりませんが、心がけるだけでも、生き方に人生に違いが出るものなのです。

✤ 現代僧侶の役割

近年、僧侶に職種を尋ねると、「サービス業」と、真面目に答える者が一部にいます。何時からそうなったのでしょうか。僧は、僧侶以外の何ものでもないはずです。現在では、寺院や僧侶から、人々の精神的規範となるという役割は薄れ、寺院は葬儀の場となり、僧侶は葬儀を中心とした寺院経営に専念することになります。元来、葬儀や供養は労働ではなく、行であるという道理を皆が忘れたようです。

葬儀、供養は法会ということが理解されず、儀式は単なる弔いの会合となり、僧侶は真理を知らず法を説かず、説かないことで尊敬の対象ともならず、単なる俗人となってしまいました。仏陀の教えは道徳とは全く別物であり、道徳と法理を勘違いしてはなりません。そして、道を求めず、道を歩まない者は、僧侶とは言えません。

しかし、目の前の、寺院や僧侶の批判や矛盾の指摘を繰り返しても、意味はありません。法を説き、真理を示しても、全ての人が真理を得ることは、できないという事実もあります。我々の心の中にある自己は、常にいつの時代においても変わらずあります。求める者、理解できる者だけが自己の存在を知り道を求めます。しかし、縁が無い、求めない者には、永遠に理解されることはありません。それは、大変残念で不幸なことですが、しょうがないことでもあるのです。それ故に、僧侶は道を求め、誰に理解されなくても、法を説かなければならないし、日常生活の中でも、言動の全てをもって、示さなければならないのです。しかし、現実は全くそのようにはなっていないし、僧侶の多くは説くべき法を知らず、法を説くことはできないのです。そのため、説法も道徳や倫理の域を超えられません。仏教は、道徳や倫理とは、全く異なる次元の教えです。無駄な混乱を生まないためには、当たり障りの無い話で十分なのでしょう。是非を論じても、意味の無いことです。

そして、法を説けないのであれば、僧侶は、言葉を弄することなく、与えられた環境の中で、日々の生活の中で、あるがままの姿で真理を示さなくてはなりません。

そして、僧侶は、世帯を持たないというのが原則です。それは、夫婦、親子、家庭の全てがとらわれ、執着となり苦を生むからです。しかし、それを厳密に行うとすれば、また別の、寺の後継者、維持という社会的問題が生じ、別な苦が生じます。現在では、社会の慣習に合わせ日本では、所帯を持つことは許されています。

要するに、それは、僧侶個人の裁量と、自覚にまかせるということになりますが、頭を丸め衣を身に着け出家を名乗るなら、所帯を持っても夫婦、親子、家庭への執着は離れるということでなくてはなりません。その意味では、ほとんどの僧侶は、出家失格ですが、それが現代日本の仏教の在り方であり、それを否定することは、現代ではできません。

昔の僧侶は、夫婦、親子、家庭その全ては、執着の根本であり、親族の愛執は物欲より数倍強いので、世帯を作ることを許さなかったのですが、僧侶も人間であり生きている以上、それもやむ得ないとして、社会は容認しています。せめて僧侶は、俗人のように必要以上にとらわれないことです。

第九章

現代社会への展開

✤現代の苦の認識

人が生きていく上で必要なものは、まず生存のための食料であったり、金銭であり、それを生み出す職業であったりします。しかし、我々が生きるということは、それだけで十分でしょうか。

その、生きる基本となる心を明らかとして、人生の目的や意義を知らなければ、単に漫然と人生を終え、来世でもまた同じことを繰り返すことになります。現代は、その心が何かと求める価値と必要性をあまり言いませんが、これは、身体を維持すること以上に大切なことなのです。

それを明確に示し、教えるものは仏教ですが、それを教えてくれる人は今日では希有な者です。

現在、我々の周りは、新聞、テレビ、ラジオ、書籍、インターネットなどの発達により、あらゆる情報が簡単に得られ、真偽のほどは別にして量だけは、大変豊かになりました。そして情報が増えたことで、間違った無駄な情報が氾濫しています。自分でよく見極め、判断しなくてはなりません。

そして、世間で何かあると、必ずマスコミは自分達に都合良く、情報を歪曲して必要以上に騒ぎます。それは、大衆の利便とか、個人や団体の幸福や正義のためではなく、自分達の勝手な妄想や利益を得るための誘導であったりします。そのため、興味本位の嘘や、事実と異なる虚構を平気で報道します。それは、今日に始まったことではなく、戦争中は戦争を美化し人々を煽り立て、戦後はその全てを否定するなど、常に大衆を惑わせる張本人でもあったのです。「マスコミは正義」というのは、全くの嘘であり虚言で、騙されてはなりません。マスコミには、大切で重要なことに、嘘をつき隠す性質があります。全ての報道を、闇雲に信じてはなりません。

我々は戦後、幸せを求め戦前の価値観を否定し、価値観を変化させましたが、それは間違いだったようです。戦争を引き起こした当事者世代に、騙されたのです。

戦争を知らない世代に「戦争反対」と叫ぶことで、敗戦の責任や賠償を押しつけたのです。責任転嫁のための賠償が、経済成長であり、結果、拝金主義が横行するような不愉快なことになってしまいました。そして今日、戦争当事者は亡くなり、戦争を知らない世代は現在、貧困にあえいでいます。そこには、大きな社会的な誤魔化しがあります。

それは、苦を認めない社会を作ったことです。戦後、社会の急激な近代化による価値観の変化などで、我々が感じる苦しみの認識が変わったことで、苦のとらえ方も、昔とは異なったものとなったことからでしょう。

一昔前の具体的な苦とは、生活の基本である衣食住に関するものが主でしたが、現在はそのような直接的で極端な生活苦は少なくなり、社会全体の見た目の苦が薄められたことで、誰もがはっきりと苦を認識することができなくなり、そのぶん社会や国家に対し、求める物事への欲求や批判が、あまくなったのかも知れません。しかし、我々の生活や価値観が、いくら変化しても、社会の矛盾や差別が無くなったわけではなく、我々の意識も大きく変わったわけではありません。そして、我々の本質的な人間性も、全く変化していません。マスコミは、今日、日本は先進国となり、生活が豊かになった、我々に大きな苦は無いと、苦の認識を否定し、間違った報道を繰り返し行い、我々を洗脳します。

おかげで我々は、目先の安楽に目を眩まされ、苦の認識すら希薄になってしまったのです。

苦の認識は、単に苦しいと感じるだけが苦ではなく、思いどおりにならない、多くの不満がある、そのこと自体が苦なのです。それを人は直ぐに努力が足りないとか、人格や人徳が無いなどと個人の責任にしたり、運が悪いとかツキが無いなどと抽象的に観念でとらえ、全ては個人責任であり、国家や社会、先輩世代に原因が無いように転嫁して、何度も我々を欺いてきたのです。

この世界の現実は、苦であり、無常であり、突然思いがけない不意の出来事の連続です。苦は、個人が作るものですが、一方で外界の環境が、個人に与えるものでもあります。国家や社会が苦を与えると解っていても、そこは誰も言わない、隠すのが何時の時代でも国家や社会の常なのです。

結果、現在は、努力しても報われず、声を上げず、真面目な者が損をして、学問の不平等、貧富の差など、差別が顕著な形で表面化しています。

そして、マスコミは一部の成功者や金持ちを特別扱いして、彼等が特別優れた者として良好、善良、希望を社会に与える者という間違った嘘をつき、我々を騙します。これらは、マスコミが作る冗談であり詐《いつわ》りなのです。彼等が社会を良くすることに貢献することは、ほとんどありません。彼等の存在は、大衆のためにならず、むしろ害となり、苦を他に与えることが多く、困った存在であると見抜かなくてはなりません。

そして、現実に生じている貧富の差が差別であり、それを他人事として、興味本位に知るのではなく、貧困は自分のことであり、貧富の差が苦だと、自覚しなくてはなりません。

我々は、少数の富豪を作るために生きているわけではなく、多くの貧困者を犠牲にするのは、経済学的にも道義的にも不合理なことであり、相当たちの悪い社会悪でもあるのです。

例えば、経済学的に、一人の富豪が使う金は知れていますが、多数の民衆が使う金は、その何百倍です。社会は、多くの民衆が金を使うことで、経済が活性化し景気が良くなるのです。

もっと民衆に金を渡し、生活を豊かにしなければならないのですが、そうはならないようです。
そして、貧富の差は、差別と犯罪を生む元凶であり、国の在り方さえ問われる道義の問題です。
そして、競争で勝ち残った勝者は、小ずるく立ち回った者達であり、決して人格者でもなく、社会の万民のためには働かず、利益を独り占めして、自分のものとします。それは、決して人々の益にはならず、むしろ自分たちの立場や組織を守るため、万民に害や毒を流す者となります。

社会道徳が働かず、企業倫理さえ守れない企業や組織は、どんなに利潤を上げても存在価値は無く、社会に必要ありません。そして実は、いくら競争で他人を蹴落として出世しても、努力して大金持ちとなり財産を得ても、沢山の子孫を残し一族が繁栄しても、さしたる幸福感は得られないのが現実です。そこに、近代の国家や社会全体が作った根本的な大嘘が常識として潜んでいることに、気づかなくてはなりません。それは、近代化が進むことと、幸福感は別だということです。

また、最近、特に親子の絆や家庭こそが大切だという宣伝や押しつけを、マスコミがします。しかし、それも嘘で、崩れゆく旧来型の家族制度を固守する、権力者側の勝手な妄想です。現実に、あまりにも多くの離婚や、家庭崩壊が多いことで、それを食い止めようとして、勝手な理想を作成し、政治とマスコミが押しつけているに過ぎません。それは、現在の体制を維持するために作った虚像です。虚像であるから、それを理想として美しく楽しく作ります。戦後、核家族化を奨励し、家族制を崩壊させたのは政府です。であれば、崩壊した家族も安心して暮らせる社会を、国家が率先して作らなくてはならないのですが、またぞろ古典的な家族制度をマスコミと共謀して、復活させようとしています。

しかし、それが無理だということは、現実の自分の周りを見れば、直ぐに理解できます。所帯を持つことは、苦しみを生み、関係を維持することは、骨の折れることなのです。一般的に因縁では、仲の悪い者同士が夫婦となり争い、「兄弟は他人の始まり」と言われるように、兄弟は財産争いなどで闘うことになっています。人間関係は、どこまでも困難であるからこそ、慈愛と寛容の心でお互いにいたわり協力し努力するのです。忍耐強く自分勝手なことはしない、これもある意味、娑婆の修行と言えます。しかし、我々の価値観が変化したのですから、社会構成も制度も変わるべきでしょう。

そして、この世界の基本は、どこまでも苦であり、我々は一時の楽に現実を勘違いさせられています。自分にとって苦とは何か、自らが覚醒し、よく現状を見極めることです。もし、苦が認識できなければ、楽が何かも知ることはできません。我々は、苦が何かを知ることで、楽である幸せを探究します。苦を認識できなければ、悟りや解脱、そして涅槃を理解も会得することもできません。

それは、幸せに永遠に、至れないことを意味します。

だからこそ、目の前にある現実をよく見て、生ずる苦を見逃し、否定してはならないのです。

✤現代仏教の在り方

我々、日本人が持つ心のよりどころである仏教は、キリスト教が直接的なキリストの言動に学び、従うことを求めるのに対して、真理を明らかとして、法理に従えと教えています。

仏教が示す教えは、我々が生きる法理であり、全ての行動の基本となっています。

そして、このような認識は、我々日本人の文化、技術、思考の基礎となっており、我々の誰もが心の奥にある自己の存在である仏を漠然と知るのです。

我々が持つ、生きる基準としての規則や法律は、実はこの法理を根本として成り立っています。

キリスト教では、そのような考えは無く、どこまでも聖書に書かれた教えが基本となります。そのため、教えの解釈は人により千差万別となり、時代や民族や国によっても変化し、不変ではないようです。西洋では、もう一方で、哲学が学問として、この世界の真理や人生の根本原理を追究しますが、仏教ほど明確ではなく、学問的な追究は観念となり、実行性に欠けることになります。

仏教は、この世界の法理を教えますから、時代や国で基礎となる真理が変わることはなく、どこまでも不変なのですが、戦後、日本はその法理に蓋をかぶせて見えないようにしてしまいました。

戦後、先進国に憧れ、先進国となることで、我々が元来持っていた、相手を助ける心である慈悲や、正しき道理に従う正義を忘れ、人格の向上や完成を目指さず、目の前の競争や損得ばかりに夢中になり、法理にのっとった精神や行動、生きる本質を忘れ、喪失してしまいました。心ある人々は、これで良いとは決して思っていないはずです。しかし、多くの人は何も知らず、何も理解せず、自己が在ることや、人生には道があり、悟りや解脱があることを知りません。また、人格の向上、完成を目指す意味なども、欠片ほども知りません。

ただ漫然と日々を過ごし、仏教が何たるかを理解できず、無目的に金や物質、地位に心を奪われ、無駄に一生を終わらせます。

しかし、戦後の混乱した社会を経過した現在、我々世代が、親や学校、社会から教えられた正義や倫理、価値観がずいぶん間違ったものであったことに気がつきます。

昔のように、貧しくとも皆が共に、仏教の教えに従い、苦を脱し幸福になるという価値観がすっかり忘れ去られてしまいました。全て昔に戻れとは言いませんが、皆が教えを知り、少しでも教えに従うことで、かなり社会は変化すると思います。拝金主義や権力者主義に偏り、物質主義に騙されてはなりません。

かなり前、「金儲けは、悪いことですか？」と、報道陣に尋ねた投資信託会社の社長がいましたが、仏教では、道を外れた金儲けは悪いことであり、恥ずかしいことなのです。八正道の正命には、不正な手段や倫理、道徳に反することをして財を得たり、命を繋ぐことを行ってはならないとされています。正当に働かず、他人を騙して利益を得ることは、いくら立ち回りや金儲けが上手でも、元来は行ってはならないことなのです。このような人物が、平成という現代に出現したこと自体が、仏教の教えが正しく伝わらず実行されていないことの現れなのです。

もう、いい加減に、米国の合理主義や拝金主義、物質文明の豊かさが幸せをもたらす、との考えは間違いと気づくべきです。いくら金持ちが増えても、社会は良くならず、格差は広がり、そのような多くの人々が幸福感を持てない社会は未熟であり、そこには安全や幸せは無いと知るべきでしょう。そして、無宗教で宗教心が無い社会とは、間違った価値観に皆が振り回され、苦しみが増す社会なのです。

これでは、いくら便利で物が溢れても、他に模範を示せず、先進国とはとても言えないでしょう。

✤ 社会と因縁

我々は、何か物事があると、国家や社会が悪いと、周りの環境や他人の責任にして、その因縁や環境は、他から押しつけられたように感じますが、全部自分が作ったものです。

法律や規則、習慣や慣例に従い行動したとか、誰かに命令されたからと、責任逃れをしても、因果の法はごまかせず、逃れられません。

どのような形でも、行ったことは全て自分の責任であり、結果は付いて回るということです。だからこそ、良い縁を結ぶことが大切で、見極めが必要なのです。

それには、正しい縁を結び、悪縁であっても良い結果を導き出す智慧が求められます。また、悪縁は、より大きな悪縁を生み、取り返しの付かない、悪い結果を生み出すことになります。

特に、人が持つ悪縁には、社会的地位の上下、貴賤、学歴、頭の良し悪しにかかわらず、存在します。これら悪縁を持つ人は、教養の有る無しに関係無く、基本的に人格が未発達で、悪行を悪と知らず、善行を善と知らないため、周りの多くの人と悪縁を繋ぎ、人を苦しめます。また、相手を肩書きや、社会的地位などの固定観念を持って見てはなりません。必ず、悪縁に引き込まれます。人と対するときは、常に自己を見て、相手を見なければいけません。

特に相手が、何かの悪意ある目的を持って、親切心を装い近づいてくる者であれば注意が必要です。

本人がその悪意を悪縁と認識していなければ、さらに大変危険です。必ず、自分だけでなく第三者をも悪縁に引き込むことになります。

次に、社会全体も、大きな因縁に従って動いています。社会の善悪の判断はせず、あるがままで社会の動きを見ると、因縁が見えてきます。そこから、現在の自分の環境、立場で何ができて、何ができないかが理解されます。後は、自分がやりたいことを行い、行きたい所へ行くだけです。

また、立場の上の者から、自分の意に沿わない間違った命令を受けた時、それが悪と思うなら、言われたままに行動せず、なるべく悪縁が発展しないように、人から恨まれないように、悔いの無いように智慧を働かせ、決してやり過ぎないように注意しなければなりません。

物事には何事にも道理があり、やり方があり、収め方があります。あまり逸脱してやり過ぎず、限界があることを考え、行動しなくては、思わぬ結果を生じかねません。

そこに、必ず因果の法が在り、善悪その両方が結果となって現れるので、慢心してはならないのです。

そして、人から命令されて行ったことでも、何事も全て自分の責任であり、自分の作り出した因縁となります。そのような時こそ、真の人格が試されます。自己を見て、智慧を働かせ、自我や私慾を離れ、より自分らしく行動することが必要です。国家、社会、地域、他人が泥のような汚濁したものであっても、俗社会の煩悩にまみれることなく、自己を常に見て、自己を見失わないことです。

そこに、真の安心が在ることを知らなくてはなりません。

✤ 差別と平等

仏教では、人は皆平等と説きます。

それは、経には、「生まれによって賤しい人になるのではない。生まれによってバラモンとなるのではない。行為によって賤しい人ともなり、行為によってバラモンともなる」と説き、さらに、「生まれを問うことなかれ。行いを問え。火は実にあらゆる薪から生ずる。賤しい家に生まれた人でも、聖者として道心堅固であり、恥を知って慎むなら、高貴の人となる」と説いて、人は、行為の因果関係により賤民《せんみん》やバラモンとなると、生まれの法理や平等を教えています。

しかし、インドではこの教えは守られず、仏教は廃れ、バラモンのカースト制が現在でも存在します。

差別を受け入れることで、政治的安定が成され、インドの国民性にも一致するのでしょう。

差別に疑問を生じなければ、差別は無く、何が平等か知らなければ苦は生じませんが、人は環境が広がると、必ず自分の環境と他人を見比べることで差別や平等を感じ、苦を生じます。

我々がいるこの世界は、同じに見えて、同じものは無いと言えます。例えば、男女は同じ人間ですが、その機能や役割は異なります。これは区別であり、差別や平等ととらえてはなりません。

区別は、その違いを認識するだけで判断や分別をしない、そのままで相手の存在を認めることです。一方、差別は、異なる違いを区別して、高下、善悪、是非などの判断や分別をすることです。区別を差別として、異質や異種のものを卑下したり、自分は偉いと傲慢となるなど、意味なくそのようなことをして、区別を差別化してはなりません。それは、自他共に、苦を生じるからです。

全ては、行為によって愚人や賢人となり、それは、誰もが平等でありながら、区別があるということであり、真理を知らない愚人には、差別もあるということになります。

事実だけを見て判断をしない、正見で真理を見るのが仏陀の教えです。

そして、分別、判断をしなくも、その行為の是非は道を歩むことで、直ぐに理解されます。

日本は、戦後、経済が高度成長したことで、全ての物事を是非、損得などで判断するようになり、真理は判断、分別の外にあるという教えが失われてしまいました。

国民は、皆権利を持ち、平等とか、国民総中流とか、民主主義は平等だという前提の下に、全てが判断、分別され、さらにコマーシャル化されて、事実や真理が見えなくなってしまいました。

全てをあるがままに事実だけを見ると、富豪も貧困もあり、近年、みっともないことに共に極端化し、飲食や住居、さらには教育でさえも平等観は無くなり、多数の意見が正義としてきた米国式民主主義の過ちが、ここに来て顕著に表れてきました。

自分、家族親族、会社、業界、世代などの、個の塊さえよければ良いという間違った利己主義が横行しています。そして、社会は固定化し、一部の権力者、金持ちが一族に利権を世襲化するようになっては、見せかけの平等、明らかな差別の現れと言えます。戦後の民主主義が全て良くても、必ずしも善ではないのです。本当の善である道義、道理、正義とは、各人の心の中にあり、自己を意味し道を指します。

道である、八正道は、決して他から知らされたり、強制されるものではなく、この世界の法理に沿った、正しさから生じるものであるがゆえに普遍で、時代により変化するものではないのです。

しかし、それがどんなに正しくても、少数の者が声を上げても、自分達の理念や利益に合わなければ、マスコミは取り上げず、無視するだけではなく、最近では社会の常識として教えを黙殺します。

それは、昨今の変わらない事実ですが、最近では、教えはますます軽んじられ、ひどくなってきました。そして、米国式民主主義をさんざん賛美してきたことで正義は無くなり、平気で嘘や詐りを言い、さりとて今さら仏教的真理を学び、自浄する力も無く、自分達が権力であり事実を伝える側だということもすっかり忘れ、損得に働き迷走しています。

時代は、何時までも戦後ではありません。七十年経ち、多くは戦後生まれで戦争を知りません。

心とは何か、正義とは何か、他人の言葉に惑わされず、仏陀の教えを学び、よく自分の心と向かい合い、何が差別で平等なのか、何が真実かを一人ひとりが冷静に見極めなければなりません。

✤ 拝みについて

キリスト教では祈りを大切にします。仏教でも拝むことは、同じ意味を持つかと思います。

我々が釈迦像や先祖の位牌に対し両手を合わせ拝むことで、心は平常心となり、真剣に一心に拝むことで心は三昧となり、坐禅と同じことになります。さらに、拝むことで、自己を対象物にゆだね、心を空しくして対峙し、自己と一体となることで、自我や我見を離れます。

理屈無く、拝むことで心が落ち着き、世俗の苦しみが和らぎます。対象物があった方が、より一層心が集中し拝みやすい、ただそれだけです。決して迷信や偶像崇拝ではありません。

都会では、家庭には、大型テレビはあっても、教えや心のよりどころとなる、仏壇を持たない家が多数あります。「私は次男で、家には亡くなった人はいないから、仏壇は必要なく、置く場所もありません」と、仏壇を置かない理由を述べます。

　その人は、誰からも生まれず、祖母や祖父も無く、先祖はいないのでしょうか。自分の先祖を愛さず、敬意や感謝の心を持たないのは、間違いであり異常なことです。一番身近な存在を否定し、敬意や感謝の心が無い者に、自分自身を愛し大切に思えるはずがありません。それでは他を思いやる心など生じず、全てのものが大切に思えるはずもありません。

　また、仏壇に釈迦像や先祖の位牌を置き、聖者を敬い拝むことは、価値が無く意味の無いことでしょうか。聖者である釈迦を尊敬し感謝して像を拝むことは、釈迦に近づきたい、我々を幸せに導いてくれる教えに従いたい、という思いであり、その心は自然なものです。そのような自分自身が、尊い者だと思わなければ、我々は何を信じたら良いのでしょう。

　そして、拝みは、大きな意味を持ち、仏壇があり釈迦像や先祖の位牌があることで、それが心のささえとなり、仏壇があることで心は安定し、拝むことで、我々は何か尊いものに、家庭内の皆が守られていると知ります。これ以上に、形となったもので、心の安心を与えてくれる物があるでしょうか。

　しかし、戦後社会、教育は、これらを否定し、意味の無いものだとしました。ここから、我々は、間違った価値観を押しつけられ、仏教徒であるという家庭内での心のよりどころを失いました。

　マスコミや他人の言葉に振り回され、一番大事なものを失ってはなりません。

一方で、人は神仏に何かをお願いする時、希望や願いが叶うようにと念じます。しかし、拝みは原則、対象物に対しそのようなことはしません。ただ単純に拝むのです。拝むことと、願いが叶うかどうかは別なことなのです。また、念仏も同じことと思います。念仏を唱えることで、心は静寂となり、平常心となります。これらは皆、同じ方向を向いています。

現在のように、伽藍や仏像の意味も解らず、有り難い、拝めば御利益があると考えるのは止めましょう。本当に拝むべきは、自分自身の心であり自己です。

そして、我々は、悟ることはできなくても、とりあえず、拝むことで自己と対面します。そこで、価値観や求めるものが、少しでも変化するなら意識も変化します。それが、無自覚における自我意識の変化です。眼に見える世界が全てではないと知ることです。

真理はあり、影のように、常に自身に付いて回ります。自分に正直に生きようとするだけで、無意識に自己の存在を知らなくても、自己は働くことになります。

簡単に言うと、自分に嘘はつけない、自己の発する声に正直に従えということです。

物欲や名誉欲などの、目先の損得に振り回され、くだらん分別などするな、ということでもあります。我々には、自己が発する智慧に心を傾け、この世界の真理を会得すれば、どのような環境にあっても、どんな回り道でも安心の世界が在るのです。

ある日、私が、寺で観音菩薩を拝んでいたら、後ろから後輩僧侶が、「釈迦も観音菩薩も所詮、木仏、金仏であり、偶像崇拝してどうしますか」と、問いました。偶像崇拝ではありません。木仏は木であり、金仏は金属です。知っています。木仏や金仏が有り難いのではなく、木仏、金仏に投影され、一体である自己が有り難いのです。木仏、金仏という拝みの対象物と、自己とを別々に見ては間違いです。

別々にあって、一体と見なければなりません。

しかし、それも理屈です。本当のところは、私は観音菩薩が好きで、ただ好きで拝んでいるのです。

未熟な自分が、仏と対面して拝まずにはいられないのです。ただただ有り難いのです。無心に観音菩薩と一体になるのです。人に見せるために拝んでいるわけではなく、拝みたいから拝むのです。

解らん者には解らんで良し、一切の説明は小賢しい限りです。

木の仏像では、おもしろい話があります。

『景徳傳燈録《けいとくでんとうろく》』丹霞焼仏《たんかしょうぶつ》　巻十四より

丹霞禅師が林慧寺を訪れたとき、突然の寒波で凍えんばかりでした。

そこで、丹霞禅師は寺にあった木彫りの仏像を持ち出し、焚き火でこれを燃やしはじめました。

それを見た寺の僧侶が叱責して、「何故うちの寺の仏像を焼くのか」と言います。すると、丹霞禅師は手にしていた棒で灰をかき分け、「舎利（仏の骨）を手に入れようとしている」と答えました。

僧侶が言う。「木の仏像に舎利など在る訳がない」

それに答え、「舎利が無いなら薪と同じだろう、もっと仏像を持ち出して燃やそう」と丹霞禅師は平然と言い放ちました。

さらに後日、丹霞禅師の弟子翠微《すいび》に、「あなたの師匠は仏像を焼いたというのに、あなたはなぜ供養をするのか」と問われ、「焼くも良し、拝むも良し」と答えています。

木仏、金仏を拝むとはそういうことです。

現代は、訳も解らず、何でも尊いと考え、立派な寺院や仏像、金襴の袈裟を羽織る僧侶を意味なく有り難がる風潮があります。実はそれらに法や教えは無く、単なる木や金属であり、木仏、金仏です。僧侶もどこまでも人間であり、その生活も食事をして寝るなど、我々と何ら変わるところはありません。むしろ、それらが尊いと感じ、思う人の、自分自身の本心、自己の存在が、何より尊いのです。そこに気づかなければ、僧侶であっても偶像崇拝になります。

しかし、偶像崇拝であっても信じて一心に拝むことで、三昧となり、自分の中に尊いものがあると、自己の存在に気づけば、単なる拝みが、拝み以上の真理となります。

初めから、偶像崇拝と決めつけて、馬鹿にして形式的にでも合掌しない者こそ、それこそ論外であり、偶像崇拝ということになります。

✤災害や災難と坐禅

我々は地震や火災、病気、怪我をしたりなど、思いも掛けない災難、不幸に遭遇する時、人は誰もがつい、「何故、私だけがこのようなことに遭うのだろう」と思います。それが雑念、妄念妄想なのです。

全ての物事を考え込み、頭に浮かぶことは全て、迷いです。自分自身で心を静め、それらの全てが、妄想と知ることが大切です。災害や災難などの不運な出来事は、予告なく突然やって来ます。

今回の、東日本大震災、二〇一一（平成二十三）年三月十一日に発生した地震を我々は、どうとらえ、対処すれば良いのでしょう。

江戸時代、和歌や俳句で有名な越後の良寛和尚（一七五八～一八三一年）は江戸時代後期の曹洞宗の僧侶です。良寛は、一切の虚飾《きょしょく》を捨て日々の食べ物や生活に困窮しても、道を求めあるがままを生き、法を実践し示し続けました。時代は、天災や飢饉などが頻発し、誰もが生きることが辛い時代で、その生き方は見る人に安心を与えました。一介の僧侶として、愚直と言えるほどあるがままを生き、我々の心を打つ多くの俳句や詩と書を残しました。その生き方は、まさに菩薩道の実践であり、本来あるべき人間の在り方や生き方を示しています。

その良寛が生きた時代、一八二八年の十二月、未曾有の大地震が新潟を震源として発生しています。三条地震と呼ばれています。山は崩れ、死者多数、多くの家屋は倒壊、もしくは火災による焼失、怪我人は数知れずという具合で、東北一帯は大混乱をしました。

良寛の住んでいる島崎（新潟県長岡市）は、さしたる大きな被害はありませんでしたが、甚大な被害を受けた、与板（長岡市）の酒屋、山田杜皐《とこう》宛に、見舞いの手紙を書いています。

「地震は信に大変に候。野僧《やそう》草庵は何事もなく、親類中、死人もなく、めでたく存じ候。うちつけに　しなばしなずて　ながらえて　かかるうきめを　見るがわびしさ　しかし災難に逢う時節には、災難に逢うがよく候。死ぬ時節には死ぬがよく候。これはこれ災難をのがれる妙法にて候。かしこ」

文中、一句、今回の地震の様子を述べています。注目すべきは後半の文章です。

「親類中、死人もなく、めでたく～」とは、不謹慎な感じもしますが、災難がなぜ起きたかと分析したり、起こった災難を恨むことはせず、前向きにあるがままを素直に受け入れることだと、言っています。

そして、災難も死もあるがまま、いさぎよく受け入れることこそ、仏法の優れた在り方、妙法だとも言っています。

人間として生まれ、なんの苦労も困難も無く、人生を終える人はおりません。死は誰にでも、いつかは訪れます。それは、災難に遭うのは運命であり、当たり前にあり、自分もいつか死ぬのも当たり前ということです。無駄に騒いで自分を見失い、間違った対処をして、災難が人災となり災いを大きくしたり、多くの人に迷惑を掛けないことです。このような時こそ、日頃の坐禅力や生き方が試されます。いくら悔やんでも、すでに起こった災害を無くすることはできません。

心は常に冷静で、平常心を保ち、いつまでも災難に気を取られることなく、「このような事もある」と受け入れ、今何ができるか、何をすべきかを見極め、実行することです。

『碧巌録』第四十三則　洞山寒暑《かんじょ》回避より

僧、洞山禅師に問う。「暑さ寒さをどのようにして回避しますか」

洞山禅師は言う。「寒さ暑さのない処へ行くことだ」

僧は問う。「寒さ暑さのない処とは、どこですか」

洞山禅師は答える。「寒時は闍梨《じゃり》を寒殺《かんさつ》し、熱時は闍梨を熱殺《ねっさつ》す」

闍梨とは、修行を終えた僧を意味し、ここでは洞山に問うた僧を指しますから、「寒い時は、汝が寒いと思う心を殺し、暑い時は、汝が暑いと思う心を殺す」ということになります。

これは、寒い時は寒さに成りきり、暑い時は暑さに成りきることで、寒暑の苦しみを脱することを示しています。殺すとは、成りきりを意味します。これは、単に思いや念じることで寒暑から逃れる方法を示したのではありません。寒暑とは、どこにでもあり、逃れることができない、生死や災難を意味します。逃れることができない出来事は、どうあがいても逃げようがありません。それなら困難を受け入れ徹しきれば、また道も開けるということです。

また、我々の意識は環境により、苦楽の認識が変化します。それは、外で仕事をする場合、暑さ寒さが気になり辛く感じますが、遊びで海や山に行く時は、暑さ寒さを受け入れ気になりません。

このことからも解るように、暑さ寒さから逃れようと執着すると、苦が生じるのです。問題は、いずれの場合も、自分が発する雑念、妄念妄想に振り回されず、湧き上がる煩悩を殺し、心を一つにして、どこまでも環境と一体になれということです。また、「窮すれば通ず」という言葉がありますが、行き詰まり逃げ場が無い時こそ、徹し切れば良いではないかということです。

戦国時代、織田信長によって焼き殺された、快川《かいせん》禅師はその最期に、「心頭を滅却すれば火もまた涼し」と、有名な遺偈《ゆいげ》を残して亡くなっています。

さて、一休禅師は、死の間際、弟子に向かって、「この先、どうしても手に負えない事態が生じ、処置に窮する時は、この手紙を開けなさい」と、手紙を残し、亡くなりました。

後日、そのような事態が生じ、どうしても一休禅師の助言が欲しいと、手紙を開封します。

そこには、「大丈夫。心配するな、なんとかなる」とありました。

何事も、一心に物事に対処すればよく、くだらん心配など妄想だと言っています。

✤ 死について

我々は、臨終において苦しみ、死にそうに思えても、寿命が尽きるまで生きなくては、死は訪れません。全ては寿命であり、死は全てあるがままの空の働きであり、それが真理だと見抜くのです。病気にあって病気を見ず、臨終にあって死を見ず。その奥にある自己を見て、常に変わらない実相をとらえ全ての苦を脱するのだと教えています。

まずは、全ての妄念妄想を突き放し、一念をもって自己の本質を明らかにするのです。

頭に生ずる思い、湧き上がる考えや念の全ては、雑念、妄念妄想であり、煩悩なのです。

それらの思いは全て迷いとして、思考を停止することです。考えないことで、自己の存在を求め、安らかな涅槃に至るのです。

それは、死を意識したところからは、病気と闘うことは止めるべきで、静かに死を受け入れることで、心の安定を求め、不安感や恐怖心から離れ、平常心を求めることを教えます。

それ以上の闘いは、意味が無いのです。早く涅槃に、至ることです。何か自分には、やるべき事が残っているとしても、それは天が、その必要は無いと教えているのです。死は、天命で有無を言わせず、どんな願いも、命令には逆らえないということです。

それに対して、我々のできることは、そう多くはありません。呼吸を正して、あわてることなく静かに現状を受け入れ、平常心をもって死を受け入れるのです。

我々は、病気となり、みじめで情けなくても、置かれた状態や環境がどうあろうと、そこで頑張るのが、嘘のない生き方であり、そこにある、むきだしの本当の自己の姿に真理があり、人にも真理を示し与えます。それが、道を行くことであり、悟りの実行です。どのような環境にあっても、自我が生じる自分の勝手な妄念妄想や思いに負けないというのが、禅者としての在り方であり、坐禅の心でもあります。禅者は、人として、人に成りきって最後まで立派に生きて、死ぬということになります。

死は誰にでも訪れ、犬や猫でさえ静かに受け入れます。そしてそれが、この世界の真理でもあります。

全てはあるがままに、何時でも真理を示し、目の前に仏はあり続けます。

そこに、涅槃寂静があります。

第十章　解脱と悟りの完成

✤ 戒律と悟り

前記した、仏教の八正道は、解脱の方法ですが、戒は仏教徒が守るべき規範であり、律は僧侶が守るべき規範であり、出家集団が守るべき規律です。

仏教が示す戒律とは、倫理、道徳、規則、法律を守り従うことと、全く異なります。

倫理や道徳は、社会の規範であり、規則や法律は、より現実的に集団の秩序を維持するためのもので、強制力があり罰則があります。そして、一部の人々には、利益や利便が全体のためになるということで特権を与えられたりもします。そのため、不合理なことでも、間違った判断が成され、一部の集団の利益や利便がいつまでも優先され、真の合理性や正義は失われ、正しい道理が通らなくなります。

歪曲された、一部の人々に都合の良い道徳や規則がまかり通り、自分だけが利益を得れば良いという他を顧みない考えとなり、他に対する慈しみやいたわりの心は失われます。

それが、現代では硬直化し、見える形で差別が生まれ、富裕層と貧困層の極端な二極化が進んでしまいました。それが、固定化しつつあるのが、大変心配です。

さて、現在、黙照禅を実行する宗門では、悟りを重要視していません。それは、誰もが悟りを求めても、簡単に得られるわけではなく、専門職の僧侶にしても、なかなか悟りを知ることが難しいからです。

宗門では、それを在家信者に求めることは、無理であるとしています。

そこで、正式な仏教徒として戒を授ける「**授戒**《じゅかい》」を奨励しています。現代においては、授戒は大変有意義なことで、授戒に参加することで、仏教をより深く知り、精神的基盤が堅固になります。

しかし、戒は一般的に法律や規則ととらえられ、それに縛られます。「専門職の僧侶でさえ、厳格に守らない戒を、なぜ我々に強要するのか」ということになります。

しかし、戒は一方的に押しつけたものではなく、守るべき規律であり、戒を受け護持することで正式に仏教徒となることを意味します。そして、戒の実行は道を行くことであり、守り実行することで、戒が身に付くことにもなります。しかし、いたずらに、戒を守ることにとらわれては、戒に縛られ自由がきかなくなります。戒とは、全ての仏教徒が守るべき、自分をいましめるものであり、仏教徒としての教えや、誓いということになります。

禅宗では、戒は**三聚浄戒**《さんじゅじょうかい》と**十重禁戒**《じゅうじゅうきんかい》です。

その前に、仏教では、仏、法、僧の三宝《さんぼう》に帰依すべしとあります。帰依とは信じ、従うことです。

三宝に合掌し低頭して、「南無帰依仏《なむきえぶつ》」「南無帰依法《なむきえほう》」「南無帰依僧《なむきえそう》」と口に唱える。

仏教は、この三宝が在って初めて仏教となり、仏の教えを受けるには、この三宝に帰依することから始まり、そこに全ての戒や教えが在るとしています。最近一部の仏教団体では、僧侶不在の団体があるそうですが、それでは仏教を名乗っても、仏教とはいえません。

三聚浄戒には、基本となる戒が三つあります。

摂律儀戒《しょうりつぎかい》‥一切の悪を断ち、捨てること。

摂善法戒《しょうぜんほうかい》‥一切の善を実行すること。

摂衆生戒《しょうしゅじょうかい》‥一切の人々にあまねく利益を施すこと。

次に十重禁戒は、次の十種を指します。

■第一不殺生戒《ふせっしょうかい》　殺してはならない。

■第二不《ふ》偸盗戒《ちゅうとうかい》
盗んではならない。それは、盗まれた人が場合によって、生命に危険が及ぶことがあるから、二番目に重要な戒としています。

■第三不《ふ》邪婬戒《じゃいんかい》
不倫を戒め、淫らなことをしてはならない。

■第四不《ふ》妄語戒《もうごかい》
嘘などで、人を惑わすことを言ってはならない。

■第五不《ふ》酤酒戒《こしゅかい》
酒を売ってはならない、持ち回ってはならない。

■第六不《ふ》説過戒《せっかかい》
他人の間違いや欠点をあげつらってはならない。

■第七不《ふ》自讃毀他戒《じさんきたかい》
自らをほめ、他をそしってはならない。

■第八不《ふ》慳法財戒《けんほうざいかい》
物心両面にわたり、他に施すことを惜しんではならない。

■第九不《ふ》瞋恚戒《しんいかい》
怒りを抱き、自分を失ってはならない。感情的にならなければ良い。

■第十不《ふ》謗三宝戒《ぼうさんぼうかい》
仏法僧の三宝を侮り非難したり、不信の念を発してはならない。


これらは、どこまでも自分自身で護持することで、安心を得るのが目的です。

そのため罰則やその他の規制はありません。また、仏教知識が無くても実行されるなら、苦から逃れられることになります。

そして、戒には**性戒**《せいかい》と**遮戒**《しゃかい》があります。性戒である殺生、偸盗、邪淫、妄言はそれ自体が罪悪です。性戒以外の遮戒にはそれ自体に罪悪がありません。しかし、それが元で、罪悪が生まれます。例えば酒を売ったり、酒を飲むこと自体は、罪悪ではなく遮戒です。しかし、それにより罪悪が生じる可能性が在ります。飲んでも、飲まれるなということです。

十重禁戒の最初の三つは、身体の戒、次の四つは、口の戒、残りは心の戒です。戒は、守り護持しなければならないものですが、道徳のように、誰かが決めた規則や思想を他人に押しつけたりしません。また、法律や規則のように強要し守らせ、日常生活を規制し従わせるなどして、無理に個人を縛るものではありません。

そのため、経や教えに、常に照らし合わせ是非を決定したり、自分を正すというようなことはしません。仏教では戒律は、守り行わせることが目的ではなく、解脱を目的とします。最初から法律や道徳とは、目的が違います。戒はあくまでも、苦からの脱出、日々の安心であり、自己の人格の向上完成、絶対安心の境涯を得るためのものです。そして、どこまでも自分らしく、自然で自由な自己がそこにあることを求めます。

次に、仏教が示すいましめに、律《りつ》があります。

律は僧侶のみに課されるおきてや、きまりを意味します。

仏教は、時とともに大教団となり、僧侶が団体生活を行う上で、どうしても細かな規則が無くては、集団として収拾が付かなくなりました。そのため、規則には罰則があります。

そして律は、僧が守るべき集団規則や生活上での規範が主なので、集団内では守らなければならないものですが、僧侶だけのものであるため、ここではあまり詳細に述べません。

大乗仏教では、**比丘**《びく》（男性）は二百五十戒律、**比丘尼**《びくに》（女性）は三百五十戒律があります。律は、比丘には、**四波羅夷罪**《しはらいざい》と呼ばれる四の罪（淫・盗・殺・妄）、比丘尼には**八波羅夷罪**《はつはらいざい》と呼ばれる八の罪（淫・盗・殺・妄、触・八事・覆《ふく》・随《ずい》）であり、破った場合には僧団を追放されたり、二度と僧侶となることはできない強制還俗や、または一定期間、僧としての資格を剝奪するなど、本来はとても厳しいものなのです。

また、仏道を修行する者が必ず修めるべき基本的な修行項目に三学があります。具体的には、**戒学**《かいがく》、**定学**《じょうがく》、**慧学**《えがく》の三つを言います。

戒学は、戒律を守ること。定学は、禅定を修めること。慧学は、智慧を修めることです。三学は煩悩の三毒である貪《むさぼ》りを戒が取り、怒りを定が取り、愚かさを智が取り、我々を解脱へと導きます。この三学を学び修めることで、仏教が体現されるとされています。

✤ 戒を守る意味

全ての戒は、通り一遍の解釈だけでなく、精神や目的をよく見なくてはなりません。

戒は、正義や慈悲の実践であり、とらわれを振り払い、悪行から身を守るためのものです。そのため、戒が守れなくても、悲観することはありません。戒が守られないことにとらわれると、それがまた新たなとらわれを生みます。

物事の環境を変えるには、長い時間が必要なこともあるからです。戒を忘れず心がけ、戒が守られなくても反省はしても落胆をしてはなりません。いつまでも戒の是非にとらわれるなら、仮に戒が守られても戒の本来の意味を失い、戒は守られたことになりません。

戒の持つ本来の目的を忘れ、戒を守ることだけに厳密を求め、是非を問うより、戒が持つ精神、目的を見なければ、道も外れます。

もし戒が守れなくても、法《のり》は超えない。やり過ぎない、限度を超えず守る。行ってはならないことは行ってはならない。逆に行わなくてはならないことは逃げてはならない。言ってはならないことは言わない。逆に、時として嫌な話も相手に言わなければならない、ということです。

そして、戒を守ることは、何よりも、戒によって自分が守られるということです。戒が、日常生活の中で実行されることは、知らずに苦から逃れていることなのです。そのため、仏教理論など何も知らなくても、戒を守り実行するだけで、苦しみが軽減されたり減少されるので、解脱が成されているとも言えます。また、実行されることで戒が身に付くと、それに守られ戒に背いたことを行おうとしても、できない境涯になるのです。日常で平常心が保たれ、世間の煩わしいトラブルから離れ、正しく清浄な自分を作ることにもなります。

また現代では、子供たちに人を殺してはいけないと教える時、それは法律や規則に反するから、罪や罰を受けるからとか、人の命は尊いものだと教えますが、そこに、戦前とは異なった価値観、戦後の教育の大きな間違いや無知があります。

仏教では、法律や規則に反するから、罪や罰を受けるからとか、人の命だけが尊いとは教えません。仏教では、全ての行いの根本原理である、因果、因縁を教えます。

それは、殺したら、今度は自分が殺される。必ずそうなるから、殺してはいけないと教えます。

もし、おもしろ半分で人をいじめたら、後に必ず同じことを今度は自分が誰かにされ、いじめられることになるのです。仏教は、因果応報を教えます。

そして、仏教では、人の命だけが特別尊いとはしていません。他宗教では、鳥、豚、牛などの動物は食用として人間に奉仕するものであり、それらの命は尊くなく、軽いと考える教えも在りますが、仏教は違います。命は動物だけではなく、木も花も全てが、人間と同等で平等に尊いのです。人だけが尊いわけではありません。思い上がって勘違いしてはなりません。

また、仏教では人は死ぬと生まれ変わる、輪廻転生が基本ですから、それらの身近な動物は、過去世の自分の姿であり、過去世の父母や子供などの、親族かも知れません、粗末に考えてはなりません。そして、戒は時代により解釈も理解も変化します。

誰かが質問をします。

「例えば、不殺生戒と言っても現在の我々は、肉も食べれば魚も食べる、植物にも命があると考えれば、生き物を殺すなという戒を守ることは大変難しい、また、他の戒も厳格に守ると日常生活が維持できなくなるのではありませんか」と言います。まさにそうです。

我々は、何らかの生命を殺して食べ、自身の肉体を維持しています。その我々が食べた牛、豚、鳥、魚、植物等の生命は、我々が食べることで、それらの命が我々に引き継がれたとも言えます。

もし、我々が食べた力で悪行を行い、道を求めないとするなら、餓鬼、畜生、地獄などの各界に、食べた牛、豚、鳥、魚、植物等の全てを引き連れて輪廻することになります。また、逆に善行を行えば天上界や人間界に、同様に全てが、輪廻することになります。

すなわち、食べて得た力を正しく使わなければ、その命は生かされないことになります。食は自らの生命を維持するためのものであり、暴飲暴食をしたり、必要以上に美食を求めるのも、失われた命の尊厳を軽視することです。自身の健康のためにも良くありません。

殺すなということは、逆に動物や植物だけでなく、全てを生かせということです。それが、木や、石のような無機物であっても、大事に使う、全てを慈しみ大切にしろ、物を粗末に扱うな、という意味を持ちます。

消費が美徳との現代の考えと逆行します。どちらが真理か、資源は何時か尽きるものであり、限界があることを考えれば、答えは明白です。現代の経済学は、資源は無限に在ることを前提に成り立っています。そろそろ、この考えを改める時期に来ています。

✤ 衆生済度《しゅじょうさいど》

人々を迷いの中から救済し、解脱に至らせることを衆生済度と言います。
それは、単に人を助けるだけではなく、真理を示し迷いの苦しみから人々を救い、涅槃である彼岸へ導くことでもあります。

道元禅師は、衆生済度を具体的に説き、**四摂法《ししょうぼう》**を示します。衆生済度とは、生きとし生けるもの全ての生き物を救済することを意味します。その四摂法とは、

布施：金銭や物品を与え分かち合うこと。
愛語：優しい言葉、正しい言葉、心に訴える言葉を与えること。
利行：相手の利益となる、為になる行為。
同事：相手に賛同したり手伝いをする、平等に接すること。

この四つはどれも、皆を仏教に導く手段ですが、慈悲心、同情心から生じる行いでもあります。

そして、他人に利益を与えることは、自分も助かるという**自利利他《じりりた》**の実践でもあります。

簡単に言うと、自分や相手を思う愛情、優しさの行動です。しかし、これがなかなか難しい。簡単ではありません。いくら大層な理想を掲げ実行しても、他人には、ほとんど理解されないのが現実です。多くの者は、何も知らず、現状に満足しなくても、これで良いと思っているからで、全く別な考えや価値観を知ろうともせず、求めることもしないのです。私も、そうでしたから、今さらうるさく喚きたて、無理に従わせるもできません。悟りは真理を単純に理解したというだけに過ぎず、それでは、他人には伝わらないのです。

この世界は、どんなに正しいことも上手くいかず失敗するのが、常です。しかし、それで十分なのです。なぜなら、法理に沿ったその行動は、困難であるほど必ず道を示し、覚者に影響を与え、遠巻きながら真理を示し実行されるからです。世の中は、そのようにして静かに少しずつ良くも悪くも、変化していくのです。そこには、工夫や方便と、忍耐が必要なのです。

昔、私が社会に出たばかりの頃、先輩から、「技術は、人から教えてもらうのではなく、盗めと言われているが、考えが狭い。技術は皆が共有し、向上しなくては会社の発展は無い。もし、解らないことや、不思議に思うことがあったら、何でも聞いてほしい」と言われました。人に親切にすることは、教えられた人のみならず、教えた人の仕事の負担も軽くなり、共に利益がありますす。それは、会社や社会の発展にも繋がるという四摂法の考え、自利利他の考えです。

しかし、私は後に僧侶となり、皆がそうではなく、人の親切が全く伝わらない、全く反対の考えがあることに、大変驚きました。自分が相手のためにと行ったことで、相手は利益を受けている事実があるのに、逆に余計なことをしてくれると、恨まれました。人によっては、自分が利益を受け、現実に助けられていても感謝をせず、「助けを求めた覚えは無い」と言ったり、「余計なことをする」と、恨んだりします。それは、その人のひねくれた根性や妙なプライドが言わせるのでしょう。

別にお礼や返しを求めての行いではないのに、なぜ相手がそう感じたのか、不思議でした。別に自分は、相手にどんな思いもありませんから、人はそれぞれだなと、感じるだけでした。ただ、経には、「悪人の地盤は、恩を知らず、感謝の心を持たない。罪を罪と知らない」とあります。近づかないことです。

そして、実は衆生済度は、容易で簡単ではないことに、後日、気がつきました。単に、金品や物質を与えれば良いということでも、相手の利益になることを行えば良いということでもないからです。相手の心や真理に沿った行動でなければ、せっかくの行いも徒労となるからです。そこには、智慧と方便が必要で、相手の気質に合わせ、真理を失わない程度に妥協することも必要でしょう。

それは、例えば布施行にしても単に行い、状況を見定めず、むやみに金銭や物品を一方的に与えれば、親切の押しつけや、単なる自己満足にしかならないからです。

四摂法は、方便を使用して真理や道理を踏まえ、基本として智慧を働かせ正しく行わなければば、それは、単なる思いつきや、その場限りの衝動行動となり、その時だけの一時しのぎで終わり、注意しなければ全てが無駄となってしまいます。

さて、人の気質には色々あり、四摂法の布施、愛語、利行を行っても、逆に相手に不快感や恨みを与えることもあります。まず、四摂法の同事を心がけ、相手をよく見なくては、如何なる思いも伝わらず、相手も自分も混乱します。このように、人はそれぞれであるがゆえに、仏陀は智慧と方便で導くことを教え、さらに、相手の環境や境涯に合わせて、相手に伝えることを説いています。

『法華経』譬喩品《ひゆほん》・信解品《しんかいほん》より

ある町に長者がおり、その家に火事が起こりました。長者は驚いて家を出ましたが、子供達は遊びにふけり燃えさかる炎を知らず、「危ない、危険が迫っている」と呼びかけましたが、答えません。父は一つの方便を使い子供らに言います。「ここに珍しい玩具がある。羊の車、鹿の車、牛の車がある。早く門の外に出てくればお前達の好きな車を与えよう」と言うと、子供達は喜んで、火の家から飛び出しました。そして、火事の難を逃れ皆に車が与えられたそうです。

この世界は、燃えさかる煩悩の火の家です。そして、人々は火の家に執着して、焼け死ぬことを知りません。人に何かを教え救いだし、説こうとすれば、智慧を持ち色々な方便を使い、相手を導くのです。そこには正しい智慧が必要であり、嘘と方便は、明らかに結果が異なることを知らなくてはなりません。そして、教えだから、正論だから、何でも場に関係無く説けば良いということでもなく、議論で相手を打ち負かせば問題が解決するということでもないのです。また、何でも相手の望むようにすれば良いということでもなく、自分の現在の環境や立場に合わない言葉や行動は、単なるおせっかいや出しゃばりとなります。そこにも智慧が必要だということです。

問題なのは、真理が解らず、自分勝手な価値観で分別して、感謝の気持ちを持たないことであり、それが多くの人を苦しめ、最終的には自分が苦しむことを知らないことです。

こちらが色々な智慧と方便を使い、いくら仕向けても目が向かず、迷いの苦しみから逃れられず、何時までも自我にとらわれ、仏教に導くことができない人々のことです。

そのような者には、普通に接しても、自我と煩悩に凝り固まっていて、いかなる教えも通じません。むしろ、こちらの方が、害を受け無駄なことをしたことになります。

『涅槃経』では、弟子のアーナンダが、精神的に問題があり他人と頻繁に摩擦や抗争を起こす、かたくななチャンナという修行僧の扱いに困り、仏陀に処遇を尋ねます。仏陀は、「彼に、話しかけてはならないし、訓戒したり、教え、諭してはならない」と言いました。

悪縁を繋がないためにも、悪を行う悪人とは、何よりも深く付き合わない、近づかないことです。

「勝手にさせろ、ほっとけ」と言ったのです。鎖に繋がれた猛獣に、意味なく近づくことが、大変危険であることと同じです。不用意に近づくと身体だけでなく、心が引き裂かれます。また、このような相手に真理を教えようとしても無理です。悪業に巻き込まれ悪行に荷担させられるのがオチです。

仏陀といえども、素質が悪性である者は、自ら改め素養が変わらなければ、救うことはできないとしています。それは、どんなに財産家であれ地位が高い者であれ、社会的成功者であれ、誰であろうと、菩提心が無き者や、仏を信じない者には、いかなる手段をもってしても駄目なのです。

仏陀は、さらに、いくら法を説き行動で示しても、菩提心が無い者や、信の無い者、戒を破る者、親切心の無い者、不真面目な者、こころざしの無い者に説いても通ぜず、理解されることは決してないとしています。そのような者ほど、自我や執着が強く、本人は全く自覚を持ちません。

自分を顧みることなく、他人を愛せなくては、悲しい限りですが、それは本人が気がつくまで、待つしかありません。これは、宗教や人格うんぬん以前の、生き方や人生の問題なのです。

そのような者と無理に接するほど、こちらの心が萎えて無力感にさいなまれ、激しい疲労と虚脱感に襲われます。

菩提心が無く、無明で無知な人には、何もせず、ただ遠くから眺めるという衆生済度もあるということになります。

本人の自覚が無ければ、どうすることもできません。その意味では、仏教は無力なのです。本人が、その気にならなければ、仏教は何も与えません。大変残念ですが、仏縁が無いのでしょう。しかし、人は皆心に仏を持ち、菩提心にいつか目覚めます。

自我を離れ、早くそのことに気づいてほしいと願うばかりです。

✤ 悟りの完成とは

仏教は、解脱を成し、涅槃に至ると言いますが、しかし、本当の涅槃とは、死ななくては完成されないと言われます。それは、我々が肉体を持ち生きている限り、煩悩や執着から離れることができないからです。我々は、生きている限り、完全な涅槃は無いということです。

では、仏教が目指す、生きていながら涅槃に至るとは、どういうことなのでしょう。

我々の人生は、苦の連続とも言えます。しかし、真の解脱とは、どのような環境に至ろうとも、即座に環境と同化して、苦しみを作らず、苦しまないことです。その苦楽の中に、常に変わらぬ自己が在るということです。具体的には、苦が来たら苦しみ、楽が来たら楽しみ、常にありのままの自分があることで、自分らしさを失わないことを意味します。

解脱とは、単に苦しみを遠ざけ、享楽を追いかけるのではなく、常に変わらぬ安心や平常心があることで自己が保たれていることなのです。それは、真理が行いや行動となり、身に付くことを意味します。

そして、悟りとは空を意味し、悟りの実行とは自己の働きを意味します。解脱は、苦を脱することですが、単純に楽に在るということでもありません。苦楽は、二つでありながら、実は対立関係にはなく、認識の入れ替わりなのです。

それは、苦楽は裏表のような関係に在り、裏表が同じ性質であるのに、我々が勝手に裏表に苦楽を認識しているに過ぎません。それは、我々が、裏表のどちらを認識しても、本体は変わることがないように、苦楽は別々に在って、共に空である事実は変わらないということです。苦楽の本質は同じであり、一つなのです。それは、解脱とは、苦を脱するとは、苦でも楽でもない苦楽を超えた空、そのものを意味するということになります。

すなわち、解脱を成し涅槃に至るとは、苦楽を認識しない境地ということになります。それは、悟りの人格化であり、自己の人格化ということになり、それが、生きていながら涅槃に至るということなのです。

解脱とは、世間で言うところの、人生の勝敗に全く関係ありません。苦は、勝敗の結果に関係無くあり、楽も同様です。どのような環境に至っても、幸せや安心があり、何かを求めて競う修羅の世界には、どこまで行っても、本当の安心や幸せは無いのです。騙されてはなりません。また、全てが空だから、何も無い、何もしない、自分だけが安楽で安心なら良いというのが涅槃ではありません。仏は、仏の世界にも、一時も安住することがないのです。自分が、安心を得たら、次は他に安心を与えるのです。なぜなら、自他は一つだからです。

また、悟りが完成した者は、何か特別な境涯や、人格に至ると思うのは間違いです。

『景徳伝燈録』巻四には、牛頭山の法融《ほうゆう》禅師は、修行半ばにおいて、その坐禅の姿が素晴らしく、多くの鳥が花をくわえて供養し、賛嘆したとあります。しかし、悟りを得て真理が確定し、道人となってからは、誰も見向きもしなくなりました。坐禅をのぞき見られ、変なオーラを発したり、人から拝まれるようでは、まだまだ未熟だということです。

真に悟りを成した者は、他人や世間などからは、目立たない普通の人に紛れてしまうものです。世間から認められたいとか、尊敬されたいと思うから、変なオーラも出るのです。世間の評判など気にするようでは、どんなに立派に見えても、未熟者、修行途中ということです。

『正法眼蔵』現成公案より

「諸仏のまさしく諸仏なるときは、自己は諸仏なりと覚知することをもちいず。しかれども証仏《しょうぶつ》なり、仏を證《あか》しもてゆく」

仏が本当に仏であるとは、自分が仏であるという自覚は無い、しかし、仏は悟りの現れでもあるから、知らずとも仏が現れ、にじみ出て示される。

悟りや仏が、何か特別な現れ方をして、人から有り難がられていたり、豪放磊落で度胸があるとか、人目や評判を気にしての親切や優しさは、悟りを開いた完成者の姿ではありません。むしろあるがまま、当たり前のことが普通にあり、行う人の在り方こそが本当の仏の姿です。

この、あるがままが、素晴らしく有り難く感じる時、真理が現前し、本来の姿を認識する時、人は仏の働きを認識するのです。それは、自己と仏が一体となることです。

その人は、自分を人格の完成者とも思わないし、一流だとも思いません。そして、その境涯をひけらかしたりすることもありません。

他人や世間が勝手に、人格者と思い評価するだけで、本人はそれすら受け付けません。

それが、人格の完成者であり、修行完成者であり、真の仏の姿です。

✤どこまでも道を行く

人は、世間と交わり、泥にまみれて初めて真理が実行され、そこに悟りを成した者の姿があります。清浄なところにだけ真理があるわけではなく、何事も全てが綺麗ごとでは済まないのです。

むしろ、汚濁した環境こそが修行の場であり、葛藤、苦悩する姿にこそ、真の仏教の教えがあるのです。そして、現代ほど心を平常に置き、安心して日々を普通に生きるということが、難しい時代は無いようです。あまりにも、情報が多すぎて、正邪や真偽の区別が難しく、価値観も多様で、明らかにおかしげな価値観も、現代では個性として許され、我々は、それに騙されるからです。

利口な者は、すでにそのことに気づき、より本質的なものを求めます。それが宗教であり、仏教であり、坐禅であるということになります。そして、私が長年坐禅を行い、見えたものは、坐禅は智慧であり慈悲であるということです。その智慧は愛であり、それは、男女間の恋愛ではなく、慈愛や慈悲を意味します。

坐禅は、行う者に智慧を与え、智慧による正しい判断が、自身に自信を与えます。それは、普通でありながら、ゆったりと自然にまかせ、その心境は、誰に理解されなくても、他人にこびることなく、あるがままを生きる姿です。それが、解脱ということでしょう。

坐禅は、真理を知るとともに、常に環境に適応した、正しい判断がなされ、行動として示されることです。それは、悟りの実行であり実践であり、人格の向上や完成ということになります。

そして、どのようにして成されるかというと、仏教では仏道という道を歩むことです。仏道とは、具体的には八正道の実行です。日常生活において八正道が活かされ、実行されることです。

八正道の実行には、悟りの有無は関係ありませんし、行うことで、自己は働き、解脱が成る、ということです。

釈迦が示された八正道は、そのまま解脱に至る道ということです。それを行うことは難しく、途切れ途切れになりますが、それでも十分です。問題は、大事なときに、その自己意識が働き、正しく行動が成されるかということです。

平常心を保ち、正眼を得て、自己に従い、その行動の在り方が正しくあることです。

解り易く言うと仏教とは、

「善を行い悪を遠ざけ、苦を作らず、全てのものを助ける」

その全てができなくても、悪を行わないというだけでも、道に沿った、苦を持たない生き方になります。道とは、生きている時も、死んでからもあり続けて歩む、そういうものなのです。

そして、仏道とは、長い人生を坐禅とともに歩み、旅をすることなのです。

✤ 教えの継承と坐禅

仏教は、何度も歴史的に弾圧を受け、何度も絶えそうになって現在に至っています。そのため、儀式や作法は次世代に綿密に伝承されなくても良いのです。

それは、仏陀が真理を得たことで、仏教という宗教団体が生まれたことから、悟りを中心とした法理の伝承こそが本筋だからです。禅宗が求めるものは、悟りであり解脱と涅槃です。そして、教えが全ての人々に伝承されず継続されないことは、奇なことでも不思議なことでもなく、この世界は無常で常に変わり行くことを思うと、人それぞれの境涯により、直ちに全ての人に伝承されないのは、しかたのないことなのです。それでも、悟りはあり、伝承、継続に関係無く自己があり、そこに気づいた者だけに、真理が自覚され道があるのです。

また、この世界は、正しく道理が進み、正義があり、全てが清浄な方向に向かっていると考えるのは、間違いです。近代国家や米国式民主主義の現実は全くの逆で、国家的犯罪で悪や悪行がはびこり、正義は通らなくなり、世の中はますます醜悪で不安や心配、辛さ苦しみから逃れられなくなっています。この世界は、決して極楽浄土ではなく、どこまでも苦しみに満ちた娑婆世界なのです。

智慧無く、不合理で慈悲も薄く、不当な差別や弾圧、努力しても報われない貧困や指導者の嘘、詭弁は当たり前に全てがあると、思わなくはなりません。

仏教では、この娑婆世界を「忍土《にんど》」「勘忍《かんにん》」と呼んでいます。我々がいる娑婆世界には、どのように誤魔化しても我々が生まれ落ちた、その時から苦しみは付いて回り、決して正義や正しい道義や道理が通るわけではなく、むしろ逆で、常に不合理として多くの人々が苦しむように変化するのが、娑婆世界の成り立ちです。

悪や悪人が大きな顔をして、はばかるのも、日常的に悪行が横行するのも、全てこの世界の常であり、我々が思うほど善は無く、善人はいないのです。根拠の無い、変な希望や願望は持たないことです。そして、何を行っても思いどおりにならない、努力しても思うように進まないのは、この世界が苦を前提として、悪人や愚か者、利己的な守銭奴や、善人づらした偽善者のためにもあるからです。そして、その誰かに自分は入らないことを知り、それを追究したり、深く思考したりしても意味は無く、無駄に疲れるだけです。

そして、迷いなく正しく、教えに生きることは、大変難しいことでもあるのです。衆生済度も、それぞれの立場で、できる人ができることを行えば良いのです。その立場に無い者や、直接関係ない者が、無駄な手出しをすると、ますます事態は悪くなります。それを理解すれば、全てはあるがままであり、あるがままで良いということになります。我が国は、仏教国であり、我々は仏教徒です。

そして、日々の生活が理屈ではなく、良くも悪くも、そのままが生きた仏教の実践なのです。

完

雑則と公案

■無字を持って来い。

■無字の根源：無字の根源とは。

■隻手《せきしゅ》微《び》妙《みょう》の音声《おんじょう》：両手を合わせると音がする。
片手ではどんな音がするか。

■遠寺《えんじ》の鐘音《しょういん》を止めよ。

■千里先の火を消せ。

■沖を走る船を止めよ。

■徐行踏断流水声：おもむろに行く流水の声を止めよ。

■縦観写出飛禽跡：飛び出す鳥の跡を写し出してみよ。

■伊勢の海　千尋《ちひろ》の底の一つ石　袖も濡らさで取るよしもがな。

■空手執全助頭：空手で鍬の頭となるとは。

■歩行騎水牛：歩行する水牛にのれ。

■人災橋、橋流水不流：人橋の上にありて水流をみると、水は留まり橋が流れるとは。

■四十九曲がりの細い山路を真っ直ぐに、通らにゃ一分たたぬ。

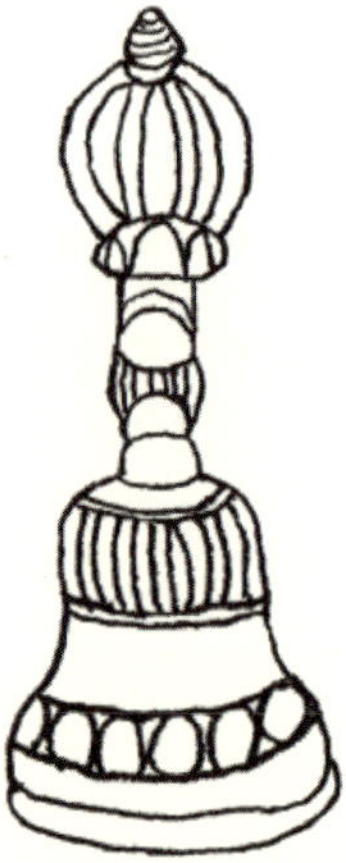

■荷葉団々《かようだんだん》として鏡よりもまどかなり、菱角尖々《りょうかくせんせん》として錐《きり》よりもするどし。

■風　柳絮《りゅうじょ》を吹けば毛毬《もうきゅう》走り　雨　梨花《りか》を打てば蛺蝶《ちょうちょう》　飛ぶ。

■五台山上、雲、飯を蒸す。古佛殿前　狗《く》尿天

■千山雪漫々《まんまん》、孤峯《こほう》何としてか不白《ふはく》なる。

■松源の三轉語《さんてんご》

其の一：大力量の人　何としてか足をもたげ起こさざる。

其の二：口を開くことは舌頭上《ぜっとうじょう》にあらず。

其の三：十成の諸聖（悟人）、何としてか、紅紫線《こうしせん》（煩悩）不断なる。

悟った人にも、煩悩が在るのはどうしてか。

■黄龍《おうりゅう》の三関

其の一：我が手、仏手といずれ。

其の二：我が足、驢脚《ろきゃく》といずれ。

其の三：人々悉《ことごと》く生縁あり、作麼生《そもさん》か生がこれ、汝が生縁の所。

■兜率《とそつ》の三関

其の一：撥草参玄《はっそうさんげん》はただ見性をはかる。即今上人《そっこんしょうにん》の性、いずれの処にかある。

其の二：自性を識得《しきとく》すれば、まさに生死を脱する。

眼光落つる時、作麼生か脱せん。

其の三：生死を脱得すれば、すなわち去処を知る。四大分離して、いずれの処に向かってか去る。

■虚堂《きどう》の三関

其の一：己《おのれ》眼未だ明らかならざる底、何としてか虚空をもって、布袴《ふし》となして着く。

其の二：地を斯《か》くして井《せい》となる底、何としてか這箇《しゃこ》を透り得ざる。

其の三：海に入って砂を数うる底、何としてか針鋒頭《しんほうとう》に坐す。

■趙州《じょうしゅう》の三轉語

其の一：木仏火を渡らず、渡れば必ず焼かれる。

其の二：泥仏水を渡らず、渡れば必ず溺れる。

其の三：金仏煙を渡らず、渡れば必ず溶ける。真仏屋裡《おくみつ》に坐す。

■金剛経

其の一：如是我聞《にょぜがもん》。

其の二：一切諸仏及諸仏の阿耨多羅三藐三菩提《あのくたらさんみゃくさんぼだい》の法は皆、この経より出る。如何なるか、この経。

其の三：この法、平等にて、高下《こうげ》あることなく、何としてか廬山《ろざん》高く、安山低き。

其の四：應《まさ》に住する所無うして、而《しかして》も　その心を生ずべし。

其の五：若以色見我　以音声求我　是人行邪道　不能見如来

如何にしてか如来を見奉《みたてまつ》る。
(若し色を以て我を見　音声を以て我を求めれば是の人　邪道を行ず。如来を見ること不能　如何にしてか如来を見奉る)
其の六：一切は有法、夢、幻、泡、影の如し、露の如く、亦《また》雷の如く、まさにかくのごとくの観をなすべし。
其の七：金剛般若波羅蜜多経の心髄とは何か。

■普勧坐禅儀《ふかんざぜんぎ》
其の一：道本円通　宗乗自在。
其の二：毫釐《ごうり》も差あれば天地遥《はるか》に隔たり。
其の三：得道明心《みょうしん》は入頭の辺量。
其の四：非思量《ひしりょう》。
其の五：修証おのずから汚染《おせん》せず。趣向《しゅこう》、更にこれ平常。
其の六：宝蔵おのずから開けて受用如意《じゅようにょい》ならん。

■巴綾《はりょう》の三轉語
如何なるか　これ提婆宗《だいばしゅう》　銀椀裏《ぎんわんり》に雪を盛る。
如何なるか　これ道　明眼の納僧《のうそう》　井《せい》に落つ。
如何なるか　これ吹毛《すいもう》の剣　珊瑚枝々《さんごしし》　月を撐著《とうじゃく》す。

■無門関　本則と頌
■碧岩集　本則と頌
■従容録　本則と頌
■傳光録　本則と頌
■功勲、偏心両立位並びに頌
■三種三宝並びに三聚浄戒各教受戒文
■十重禁戒各教援戒文並びに一心戒文

あとがき

今日、我々が、日本という国に生まれ育ち、仏教を知り仏教心を持つことは、当然で当たり前のことです。しかし、多くの人々は仏教を葬儀だと思い、その教えを学ぶこともなく、知らないことで断片を頭で観念的にとらえるばかりです。我々は、間違った情報や教育により、無意味な価値観を押しつけられ、外に価値を求めるほど苦しみは増しています。財産、地位、名誉などは、ついては離れ、一刻もどこにも留まらず、全て夢のようなものです。

それに対し仏教の教えは、外界から生じる、苦しみの元である妄念妄想を振り払い、自分自身の中にある尊い聖なる自己の存在を教えます。その自己は、常に自分に寄り添い、変わらぬ真理を示し、幸せや安心を与えます。

悟りは、その自己を知ることであり、仏教は、自分が仏になる教えでもあります。

さらに、教えは単に、自分だけが苦を離れ解脱を成すのではなく、全ての人々と共に苦の無い生活を得ることです。しかし、現実は全く違ったものになっています。

我々は、政府や学校教育、世間が勝手に押しつけた現在の幸福、安心、平和を考え、よく見つめ直さなくてはなりません。

仏陀が求めた苦の無き生活、社会は、自由で不安が無い、安心な社会であり、我々の目標でもあります。今一度、我々は仏陀の教えに学び、再び心の基本として価値観を戻し、教えを実行する必要があります。

それは、我々皆が、正しい目標に向かって、人間として悔いなく生きられることです。

そこには、自分と他人という、対立関係や相互関係にはなく、自分という立ち位置の延長に他人があるのです。そういう認識がなければ、自他はいつまでも対立をして、自分の利益ばかりを求めます。

自他は一つで、他人が良くなることが、自分にとっても、社会全体にとっても、利益があるということです。自分だけが良くても、社会全体が良くならなければ、本当の安心も、幸せも、幸福もないのです。

現在、我々には、少子化、エネルギー問題、財政、震災復旧と大きな問題が山積しています。これからは、時代に伴い、社会構造も価値観もさらに大きく変化するでしょう。そして、真の平和とは、単に戦争をしないということだけではなく、豊かさを皆が共有することでもあり、皆が清浄に正しく、慈悲深くなくてはなりません。そこに、苦を脱した国の姿があるのです。

これは、過去の世代や次世代が、現在の我々に対して突きつけた問いであり、我々が持つ宗教心が今こそ求められています。

日本という国が、これからも戦争など無く、豊かで平和で静かな美しい国であるためにもです。

瀬下　俊孝（せした　しゅんこう）

昭和24年生まれ。北海道工業大学卒業。昭和62年得度、曹洞宗僧籍取得、同年曹洞宗大本山永平寺で修行。平成２年嗣法、両本山瑞世。

著書
『一人でする坐禅』（東京図書出版）
『禅と死と』（東京図書出版）

坐禅の旅　悟りを求めて

2016年５月３日　初版発行

著　者　瀬下俊孝
発行者　中田典昭
発行所　東京図書出版
発売元　株式会社 リフレ出版
〒113-0021　東京都文京区本駒込 3-10-4
電話（03）3823-9171　FAX 0120-41-8080
印　刷　株式会社 ブレイン

ISBN978-4-86223-948-8 C0015
Printed in Japan 2016
落丁・乱丁はお取替えいたします。

ご意見、ご感想をお寄せ下さい。

［宛先］〒113-0021　東京都文京区本駒込 3-10-4
東京図書出版